Dietmar Wischmeyer

als Gast: Peter Ockenfels

VERCHROMTE LÜSTE

Das Buch über Motorradfahrer und ihre Maschinen

LAPPAN

Inhalt

Für euch alle mag das ganz sinnvoll sein, sich so ein Zweiradgestänge unters Genital zu kloppen, aber ich stelle mal die Tabufrage, die sich ja von euch keiner zu stellen traut:

Motorrad – wozu?

Motorrad – schön und gut! Aber was soll man eigentlich mit der Feile? Insgeheim rätseln daran alle Fertigen, die auf den Prospekt des Gurkendealers reingefallen sind, und wo jetzt das Teil für zigtausend Äppel in der Gegend rumfault. Hier sind ein paar Tipps:

Möglichkeit: das Gestänge einfach ins Schlafzimmer schieben

Da ist die Kiste endlich sicher vor Flugrost und Bürgersteigvandalismus. Kein Blödmann bricht den Spiegel ab, keine Taube kackt auf die Sitzbank. Sprit brauchst du auch nicht, und in deine Poofbude kannst du dir ruhig ein paar PS mehr reinstellen, weil du ja keine Mücken an die Haftpflichtmafia abdrücken musst. Abends vorm Einpennen kann man noch ein Viertelstündchen schrauben, und wenn man morgens aufwacht, fällt der erste Blick auf die polierte Feile und nicht auf den fertigen Beziehungsrochen. Wenn mal unverhofft Kumpels vom MC vorbeikommen, hast du gleich ein astreines Gästebett. Im Schlafzimmer steht das Schätzchen auch mitten im Verkehr, aber der hier macht eben keine Beulen. Alles in allem die beste Idee.

Nicht ganz so gut: sonst irgendwo in die Wohnung stellen

Wem die Matratzengruft zu klein ist oder wo Anrainertussis mosern, der muss das Teil woanders hinschieben. Was geht, ist, die Gurke flach auf 'n Teppich schmeißen, Glasplatte drüber und feddich ist der Couchtisch. Sieht allerdings 'n büschen nach Unfall aus.

Schön ist auch auf 'n Balkon, da kann man bei Regen fein in der Bude sitzen und Bier saufen und von draußen blubbert der geile Sound durch die Balkontür. In vielen Etagenwohnungen gibt es sogar einen extra Raum für Motorräder, das so genannte Bügelzimmer. Aufgepasst, der Name täuscht, meist ist es zu klein, um da drin rumzubügeln. Andererseits sind die Kunstledersitzbänke der Schleuder nicht als Bügelbrett geeignet.

Und noch eine Warnung:

So schön es auch ist, beim Kacken an der Kawa rumzuschrauben statt die Bild zu lesen, so gefährlich ist die Nasszelle für den Boliden: Alles rostet, der Vergaser hustet und die Ersatzklorolle am Bremsgriff sieht auf Dauer auch scheiße aus.

Wenns gar nicht anders geht: nach draußen mit dem teuren Stück

Wenn die Bude wirklich zu mickrig ist, muss das Motorrad nach draußen, hilft alles nix. Der eine schraubt die Sitzbank ab und haut Primeln rein, der andere baut das Hinterrad aus und treibt mit der Kette eine Umwälzpumpe für den Goldfischteich an – alles sehr nett, der eigentliche Gedanke des Motorrads geht aber 'n büschen flöten. Damit die Nachbarn auch sehen, dass da ein echter Biker wohnt, kann man seine Gurke zum Beispiel mitten durchschneiden und die Hälfte neben der Eingangstür an die Hauswand flanschen. Macht echt was her. Wer keine Flex hat zum Durchtrennen, kann das Superbike auch mit dem Arsch nach hinten in den Rasen eingraben. Ganz Schlaue schließen einen Bewegungsmelder an den Scheinwerfer und haben 'ne schicke Gartenbeleuchtung.

Jetzt wirds ganz hart: auf die Straße mit dem Liebling

Wer keinen Garten hat, muss das teure Stück wohl oder übel in den öffentlichen Raum schieben. Hier lauert überall der Feind: Hunde pissen an die Reifen, Politessen kleben Zettel an den Tank, Fertige kratzen den Lack kaputt. Das Beste ist 'ne Plexiglashaube, die über einbetonierte Bodenanker direkt mit dem Bürgersteig verbunden ist. Da kann man sein Baby weiter anhimmeln, braucht aber keine Angst haben, dass ihm was passiert.

Der Kradfahrerbund „Scharfe Nocke" grüßt alle Motorradfahrer draußen im Land. (An den Maschinen: Herr Radetzki und Frau Kuschel.)

Nun wirds noch härter: Das Gerät bewegen

Wenn es absolut nicht anders geht, muss das Motorrad bewegt werden. Das Ordnungsamt beschwert sich über die Plexiglasgarage oder die Straße wird verlegt. Manchmal treten unvorhersehbare Gründe auf und das Baby muss vom Ständer. Das ist der Ernstfall. Was tun? Oft reicht es, das gute Stück ein paar Meter weiterzuschieben und fertig ist die Laube. Aber Vorsicht: Sobald du dich auf öffentlichem Grund auf dein Teil gesetzt hast, fängt die Helmpflicht an, da sind 250 Euro Anschlussinvestition fällig. Dann lieber die Yamaha mit ein paar Kumpels zweimal um den Block tragen. Das macht genauso viel Spaß und ist ohne Helm machbar.

Der Ernstfall, Teil 1: Die Möhre anlassen

Der Super-GAU. Irgendjemand beobachtet dich, wie du deine Kiste auf dem Bürgersteig rumschiebst und

Frau Kuschel und Herr Radetzki erinnern sich mit Wehmut an die große Zeit der alten Zweiventiler!

lacht sich kaputt oder macht doofe Witze. Nun bleibt dir zur Ehrenrettung nix anderes übrig, als die Kleine anzuschmeißen. Hoffentlich hast du jetzt einen funktionierenden E-Starter, sonst bist du der Blamierte. Für Leute mit Kickstarter empfiehlt es sich, in der Packtasche immer einen Ghettoblaster mit Motorgeräuschen betriebsbereit zu halten. Meist hauen die Gaffer schon ab, wenn sie den Motor hören, weils dann nix mehr zu lachen gibt, und du kannst den Brummer wieder auf den Ständer ziehen.

Der Ernstfall, Teil 2: Rumfahrn

Wenns gar nicht anders geht, musst du tatsächlich rumfahrn. Au Kacke! Ein Helm muss her, Lederjacke, Griffheizung, Stiefel und Aufnäher mit Harley oder Kawa. Überall lauern die Autofahrer, um dich totzufahren, die Polizei will an jedem Teil der Kiste die Prüfnummer ablesen, du brauchst Papiere ohne Ende: der Mega-Horror! Um das Schlimmste zu verhindern, fährst du am besten bloß bis zur nächsten Eisdiele und haust dir erst mal den Hawaiibecher in die Runkel. Nach zwei Stunden ölst du wieder zurück und erzählst zu Hause, was für 'ne geile Tour du gemacht hast. Am besten, du schmierst dir zur Sicherheit 'n büschen Kacke an die Stiefel.

Keine Chance mehr: Nun musst du richtig rumbügeln

Deine Kumpels haben dich schon ein Dutzend Mal in der Eisdiele ertappt, und du weißt nicht, wo du dich sonst verstecken sollst. Da bleibt dir nix anderes übrig, als wie die andern auch in der Gegend rumzubügeln. Gott sei Dank sind die härtesten Passstrecken für Motorradfahrer am Wochenende gesperrt. Da kannst du fein auf der Autobahn bleiben und an der Raststätte lästern, wie Scheiße du das findest, dass man nirgendswo mehr herfahrn darf.

Ultimo Ratio: Bügeln, bis die Kimme qualmt

Irgendwann erwischt es jeden, und Freunde laden dich zu einem Motorradurlaub ein. Ach du Scheiße. Da ist nix mehr mit Verstecken und Angeberfahrten durch die Innenstadt. Jetzt heißt es, zwölf Stunden nonstop nach Südfrankreich, bis die Rosette aussieht wie ein flach gekloptes Kotelett. Die Kälte kriecht dir an den Eiern hoch, der Regen sallert durch die Ritzen des Kombis und du fühlst dich wie John Wayne, wenn er vom Büffel steigt. Wenn du das überlebt hast, bleibt nur noch eins: die Gurke über eine Kleinanzeige sofort, notfalls auch unter Preis, verhökern und den Kumpels erzählen, du hättest die Schnauze voll von den modernen Joghurtbechern und wolltest dir eine geile Indian restaurieren. Die kannst du dann wieder seelenruhig ins Schlafzimmer schieben, denn die kriegst du eh nicht zum Laufen. Wenn dieser Weg für dich nicht hinhaut, weil du zum Beispiel keinen Bock hast, 15 000 Kracher für einen Haufen Schrott mit der Aufschrift „Indian" hinzulegen, ja dann gibts kein Zurück mehr – jetzt bist du in der SZENE.

Mike: Die letzten richtigen Biker

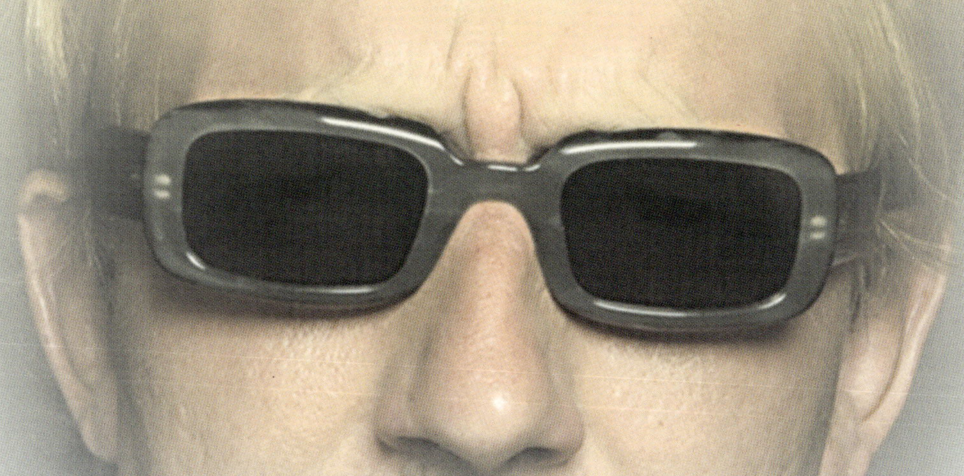

Häuptling Milwaukee hat mal gesagt: „Wenn die letzte Harley von Mother Earth verschwunden ist, werdet ihr merken, dass ein V-Motor mit 45 Grad Zylinderwinkel nie richtig rund laufen kann." Und dann ist er auf seine Gold Wing gestiegen und nach Las Vegas geschiggert – Sonne putzen. Die letzten echten Biker, Bruder, sind Leute wie du und ich: Wir worken hart in der Werbeagentur, aber am Weekend da sind wir free. Dann streifen wir die Sympatex-Kutte über, schmeißen die Griffheizung an und biken über die Bundesstraße. Unter uns brabbelt der Big Twin und im Helmkopfhörer läuft Modern Talking – genauso wie damals bei Peter Honda und Dennis Chopper. Life can be so easy. An der Fuel Station tanken wir drei Dosen Jim Beam/Cola und lassen das Benzin nachgucken. Die Braut aus der Tanke tritt uns den Motor an und weiter gehts über die Route Thirty Zero nach Westen: Löhne, Kirchlengern, Breaking Mills. Ab Löhne gibt es kein Gesetz mehr, ab Kirchlengern keinen Gott. Deine einzigen Freunde hier draußen sind die toten Fliegen auf dem Visier. Irgendwo in the middle of Nowhere halten wir an und bestellen uns ein Jägerschnitzel mit Kroketten und Salat des Hauses, genau wie die Cowboys damals. Hinter dem horizon verschwindet die gute alte Sonne, du stehst draußen an der Maschine und wartest auf die Marshalls vom ADAC, damit sie dir die Harley wieder antreten.

It's a perfect day. Und du weißt, dass du einer von ihnen bist, einer von den real Bikern, den letzten ihres Schlages.

Das harte Bikerleben

Nur der Laie meint, das Leben des Motorradfahrers sei nix als Freiheit und Abenteuer. Von wegen: Es besteht hauptsächlich aus Pflichtprogramm:

Wochenendtreffpunkte

In jeder Region gibts irgendeine verwarzte Pommesbude oder einen zugesifften Parkplatz, wo sich einmal in der Woche alle Biker treffen, weil sie ja irgendwo hinbügeln müssen. Da stehen dann so ein paar Hundert Knalltüten rum wie ausgebaute Ledersitze und labern Scheiße. Der Höhepunkt der Veranstaltung ist, durch die drei Schichten seines Kombis den Piephahn rauszufriemeln, damit man anständig pissen kann. Hat sich das fisselige Gerät im Schwanzprotektor verfangen, rauscht die Brühe gnadenlos in den Stiefel. Ansonsten wird 'n büschen doof rumgelästert und jeder sieht zu, dass er bis zur Lindenstraße wieder zu Hause ist.

Insidertreffpunkte

Da gehts schon 'n büschen härter ab. Meist sind die bei MacDonald's an einer großen Ausfallstraße. Von da aus heizen die Hirnamputierten von Ampel zu Ampel stadtauswärts. Logisch, dass du da mit einer MZ oder einer Virago erst gar nicht auflaufen musst. Die ganz Harten machen während der Hetzjagd auch noch Kunststücke: Lenken mit dem Arsch oder rasen nur auf dem Hinterrad unschuldigen Opelfahrern auf den Kofferraumdeckel. Wie schön für diese Wahnsinnigen, dass sich der Vorderradantrieb bei Motorrädern nie durchsetzen konnte.

Kurvenglotzen

Das ist die etwas harmlosere Form des gleichen Wahnsinns. Man stellt sich auf einer Serpentinenstrecke in die schärfste Kurve und wartet, bis einer ins Unterholz rasselt. Beliebt ist auch, die eigene Tussi mit einer Videokamera in der Kurve abzusetzen und Papa auf der Hayabusa zeigt mal, was Sa-

Nach zwanzig, dreißig Kilometern Asphaltfressen übermannt den Kradfahrer die Müdigkeit oft so schnell, dass er keine Zeit mehr findet, anständig Quartier zu machen.
(Die Kräder sind gegen rumänische R90S-Banden ordnungsgemäß am Mann gekettet.)

che ist in punkto Bodenkontakt mit der Kniescheibe. Spätestens wenn er seiner Alten dabei in die Kamera winkt, nagelt er seinen Tiefflieger amtlich ins Gebüsch.

Sich totfahren

Sich totfahren kann man bei den vorigen Übungen natürlich auch schon herrlich, aber es gibt unter den Bikern eine eigene Fachrichtung, die sich hauptamtlich auf dem Gebiet betätigt. Ganz wichtig: Nur mit T-Shirt und kurzer Hose unterwegs sein, damit der Hautverpflanzer nicht unterfordert ist. Grundsätzlich alles und immer überholen. Bei Mähdreschern mit fünf Metern Schnittbreite erst dann vorbeiziehen, wenn er schon nach links in den Feldweg geblinkt hat. Oder im Stau auf der Autobahn so lange zwischen den Warteschlangen durchbrettern, bis endlich mal einer seine Tür aufreißt. Wers drauf anlegt, kann es innerhalb einer Saison schaffen, dass ihm die Johanniter den letzten Regenkombi überziehen.

Motorradgottesdienste

Da kann man dann den Gefallenen der letzten Saison gedenken und auch sonst ist das ein schöner Vorwand, mal wieder eine nutzlose Ausfahrt zu unternehmen. Der Schwarzkittel erzählt dann gerne mal, Jesus wäre an sich auch gern ein Biker gewesen, sein Alter hätte sich nur geweigert, am siebten Tage die Ducati-Monster zu erschaffen. Händ-

Macht auch vor der Oper eine gute Figur: das hochglanzgewienerte Krad

ler verhökern Kreuze mit den vier gängigsten Inbusgrößen an den Enden, aber ansonsten ist bei Jesus-on-Wheels das Gleiche los wie auf jedem Bikertreffen: Currywürste reinschlabbern und Titten rumzeigen.

Pflege

Nach den Anstrengungen des Wochenendes wartet zu Hause wieder der Alltag und das heißt: Putzen und Lecken. Jede Stirnfläche des Boliden hat sich in ein Massengrab für Kerbtiere verwandelt, wo du nur noch mit härtester Chemie wieder reinen Tisch machen kannst. Der Japaner, schlau wie er ist, hat ja schon vor Jahren den Schlitzaugenscheinwerfer eingeführt, um den Viechern den Selbstmord zu vermiesen. Wenn du allerdings eine Einbauküche von Honda fährst, hast du mehr Fliegen auf dem Plastikbomber als auf einer Wiese mit Kuhscheiße.

Jetzt kommt der Siff von unten dran. Die Kette ölt, der Auspuff hustet und die Köpfe sind undicht. Darunter leidet nicht nur die weiße Arztsocke in deinen Bikersandalen, auch der Hobel selbst ölt langsam zu. Der schlaue Kradmelder greift da zur Zahnbürste seiner Freundin und etwas Nitroverdünnung, putzt die Hütte blitzeblank und legt die Zahnbürste heimlich wieder zurück.

Dem Lecken der Liebsten sind an sich keine Grenzen gesetzt: Chrompolish, Lackpudding oder Kunststoffspray können auch noch ohne Ende verbraten werden. Dann stellt man das Gerät eine Viertelstunde in den Hof und wartet, bis die Amsel wieder Bock zum Scheißen hat.

Rumschrauben

Die gesteigerte Form der Pflege ist das Rumgebastel. Verchromte Pussibügel an die Sitzbank schrauben, Fußrasten einen Breitengrad vorverlegen oder einfach mit dem Dremel Löcher in den Krümmer bohren: Es gibt immer was zu tun. Besonders wenn es draußen regnet oder kalt ist, lockt die Garage und der Knarrenkasten.

Im Gegensatz zur Freundin lässt sich das Baby mit dem Ottomotor auch ständig verbessern. Sie ist wie eine perfekte Freundin, der man fürn paar Euro neue Titten dranschrauben kann.

Verkaufen

Doch irgendwann kommt der Tag, da ist die Hütte so verbastelt, dass nur noch das Verkloppen hilft. Jetzt muss ruckzuck ein Blödmann gefunden werden, der für den vergurkten Bausatz noch ein paar Scheine rausrückt. Ja, weil das neue geile Luder auch schon beim Händler darauf wartet, gekauft und alsbald kaputt geschraubt zu werden. Also wird eine Anzeige im örtlichen Sperrmüllorgan geschaltet. Und da schlägt jetzt die Stunde des Dichters:

> ***Yamaha Virago**, optisch 1100er Drag Star mit 125er Intrudermotor. Wenig gelaufen, Sonderlackierung, schöne Details 4 500 Euro.*

Wenig gelaufen ist klar: weil der Schwachmatenmotor die aufgeblähte Möhre auch kaum aus der Garage zieht. Sonderlackierung heißt mattschwarzer Ofenlack mit Rostpickeln und die schönen Details sind Zusatzbremsleuchten von Tchibo. Irgendeinen Bekloppten findet man immer. Dann ist die Gurke endlich weg und der ganze Nerv beginnt von vorne.

Mike: Bei den primitiven Hühnern

„Ev'rybody needs somebody to lay on", das hat der alte Frankieboy mal gesungen: Jeder Körper braucht irgendeinen andern Körper zum Vögeln. Du weißt, was das heißt, compadre? Auch dein Körper ist damit gemeint. Und – be shure – er scheißt aufs Hühnerabitur. Also mach dich auf zu den Primitiven, sei brutal, sei einfach ein Mann und die geilen Hasen laufen dir vor die Flinte. Geh in den nächsten Bikershop und besorge dir einen Nierengurt. Damit schiebst du deine Pastaplauze in die Bauchhöhle zurück, ohne dass du wertvolle Freizeit im Fitnessstudio verplemperst. Dann brauchst du eine Lederjacke mit Schulterprotektoren, das spart noch mal zwei Jahre an der Hantelbank. Kauf dir keine Motorradlederhose: Der Arsch ist noch nicht erfunden, der darin gut aussieht. Unter der Lederjacke trägst du ein T-Shirt mit der Aufschrift „Harley-Owners Group", das wirft dich nur 20 Euro nach hinten, ein Tausendstel von dem, was der Eisenhaufen selbst kosten würde. And remember, my friend, das T-Shirt kannst du beim Vögeln anlassen, das Scheißmotorrad steht draußen herum und wird von Vögeln vollgeschissen. An den Füßen trägst du Schaftstiefel aus dem Tittenleder der tibetanischen Schneeziege, das von minderjährigen Sherpaludern weich gekaut wurde – trage nur die echten, nothing else, keine Socken. Als Letztes brauchst du noch einen Helm, kaufe irgendeinen, der brutal aussieht, der Rest doesn't matter, denn du wirst ihn nie

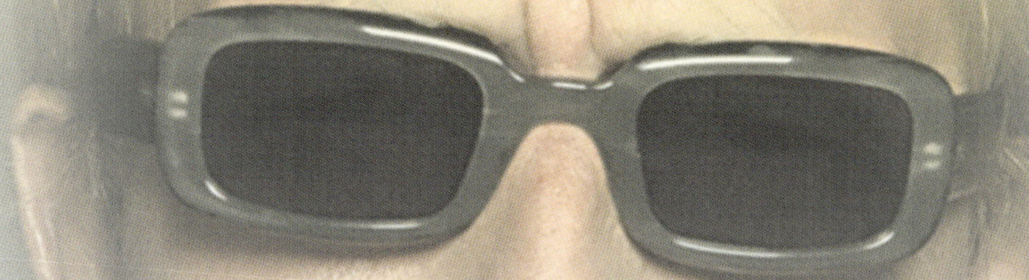

aufsetzen, um dir nicht die Frisur zu ruinieren. Wenn das Outfit complete ist, dann übst du vor dem Spiegel, wie ein richtiger Mann cool in eine Kneipe reinkommt. Bist du bereit, dann lass dich mit dem Taxi ins Checkers oder Roadhouse bringen, da wo die primitiven Hühner mit den amtlichen Titten abhängen. Lass dich vom Taxidriver in einer Nebenstraße absetzen, und wenn keiner guckt, betrittst du den Laden: Es riecht nach Männerschweiß und Motoröl, exactly das, worauf die Tittenhühner abfahren. Und du bist einer von ihnen. Zumindest so lange, bis das Bullenkommando eintrifft und du der Einzige bist, der keinen Ofen vor der Tür stehen hat, mit dem er die Biege machen kann. Scheiße, Scheiße, Scheiße!

Der Biker und seine Feinde

Wer eine Zweiradfeile zwischen den Schenkeln hat, will ja nicht bloß einfach mit dem Teil durch die Gegend blasen, sondern er will zum Stamm der eisenharten Kradmelder dazugehören. Noch der letzte Griffheizungsbesitzer hält sich für einen Outlaw und nicht für einen normalen Verkehrsteilnehmer. Damit das Stammesgefühl auch richtig funktioniert, braucht man Feinde, die einen andauernd bedrohen.

1. ANDERE MOTORRADFAHRER

Penisneid

Klingt bescheuert, aber die anderen Motorradfahrer sind seine größten Widersacher. Erst mal weil es sie überhaupt gibt und sie einem laufend die Schau stehlen von wegen geilerem Hobel. Da hat der arme Willi den halben Louis-Katalog an seine Virago verbastelt und dann schiebt irgendein Arschgesicht eine mattschwarze Shovelhead, verwarzt wie eine rumänische Einliegerwohnung, neben seinen Weihnachtsbaum. Schon ist er Zweiter im Brummen. Da hilft es auch nicht, jetzt schnell nach Hause zu rasen und den Chrom mit der Drahtbürste abzuschrubbeln – man muss eben Stil haben, das ist das Problem.

Jeder Biker lebt in der ständigen Angst, dass der Bolide neben ihm vor der Eisdiele seine halbgare Hütte auf Abstand verweist. Halbwegs klar kommen kann er noch mit der Situation, wenn es eine andere Marke ist, denn das sind sowieso alles Wichser, Weicheier oder Werbetexter. Hart ist es, wenn man eine Italienerin fährt, vor der angesagten Frittenbude parkt, ein Typ kommt angewackelt und sagt: „Metzeler-Schlappen auf einer Guzzi is wie Titten beim Mann – sieht einfach nich aus!" Schöner Mist, da hat einen der andere aber voll bei den Eiern erwischt.

Hast du einen Klassiker, dann labert dauernd einer von „Das is aber nich Original da hinten" und guckt dich an, als ob er dich beim Hühnerficken erwischt hätte. Da holst du dir besser eine Harley, da kannst du den Vorwurf „Is aber nich original" mit einem lässigen „na Gott sei Dank" abtun. Motorradfahrer beobachten sich dauernd gegenseitig und versuchen sich eins reinzuwürgen. Andererseits brauchen sie sich auch, weil allen andern Menschen die Originalität von V2A-Inbusschrauben in englischen Big Twins der 60er komplett am Arsch vorbeigeht.

Grußpflicht

Der Biker trifft sich jedoch nicht nur vor schmierigen Pommeshöhlen, sondern manchmal auch auf der Straße. Hier ist er mit dem Problem der Grußpflicht konfrontiert. In den Städten ist sie weitgehend abgeschafft, auf der Landstraße dagegen wird bei zweirädrigem Gegenverkehr immer noch gern die Flosse hochgerissen. Gerade am Wochenende ist aber so viel los, dass man das linke Lenkerende getrost zu Hause liegen lassen kann. Die härtesten Grußfanatiker fahren Hunderte von Kilometern im ersten Gang durch die Gegend, weil sie einfach nicht mehr zum Kuppeln kommen.

Wer nicht so drauf ist, muss selektieren: Wen grüßt man und wen nicht? Also erst mal keine Roller, und die sind zum Glück schon von weitem gut zu erkennen. Dann auch keine 125er, weil die ja wahrscheinlich bloß Führerschein Klasse drei haben, mit anderen Worten Abschaum sind. Das Blöde ist bloß, dass man die von weitem schlecht identifizieren kann und aus Versehen so einen Flachwichser womöglich sogar zuerst grüßt und – Super-GAU! – dieses hochnäsige Arschgesicht noch nicht mal zurückgrüßt. Dann kannst du nur noch rechts ranfahren und erst mal eine Dose Jim Beam/Cola zischen. Eigentlich gibt es bloß zwei Möglichkeiten, sich richtig zu verhalten. Erstens: Man grüßt bloß die eigene Marke. Das funktioniert allerdings nur bei Harleys, Gold Wings und BMW-Boxern, weil alle andern im Gegenverkehr nicht zu erkennen sind. Oder zweitens: Man grüßt niemals zuerst, dann kann man sich immer noch überlegen, ob man auch mal gnädig einer entgegenkommenden Shadow zuwinkt.

Überholen

Überholen, auch versägen genannt, darf man prinzipiell jeden, man muss sich bloß im Klaren darüber sein, dass man ihm genauso gut zubrüllen könnte: „Du hast einen kleinen Pimmel!" Grundsätzlich empfiehlt es sich, bloß ausgewiesene Schwachmaten auf die Plätze zu verweisen: Russengespanne, Roller, Frauen oder Mofas. Bei jedem anderen ist es wie ein vor die Füße geworfener Fehdehandschuh und das Rennen beginnt.

Der Gedemütigte wird alles daransetzen, dir das schwarze Loch seiner Lafranconis zu zeigen. Wenn du da nicht ordentlich PS unter den Eiern hast und bereit bist, dein Leben zu riskieren, dann bleib lieber hinten. Peinlich wird es spätestens, wenn der Überholte neben dir an der Ampel steht und du das

Totenkopf-Tattoo auf seinem Oberarm siehst. Dann kannst du nur noch hoffen, dass er allein unterwegs ist.

2. AUTOFAHRER

Ist ja logisch, dass diese Trottel zu den Hauptfeinden gehören, einfach weil sie die Straße dickärschig blockieren und sich an die StVO halten. Als Biker zwischen Autos kommt man sich vor, als ob man durch knietiefen Schlamm einen Spurt hinlegen will. Allein wie diese Lahmärsche von einer grünen Ampel losfahren – wahrscheinlich gucken die erst in der Betriebsanleitung nach, wo der erste Gang liegt, bevor sie die Kupplung treten. Alles an diesen Vierradfritzen kommt einem wie Kaugummi vor. Außerdem scheint es sich noch nicht bis zu den Autopiloten rumgesprochen zu haben, dass die Zahlen auf den rotweißen Schildern am Wegesrand nicht Kilometer meinen, sondern englische Meilen, für den Abgleich mit dem eigenen Kilometerzähler also mit 1,52 malgenommen werden müssen.

Auch nicht schön ist, dass die Autokollegen dauernd Biker totfahren. 80 % aller Unfälle zwischen PKW und Krad werden von den Doofen verursacht. Die Israelis hätten sich so was nicht bieten lassen und schon längst den ADAC in die Luft gejagt. Da merkt man, was für ein friedliebendes Volk die Motorradfahrer sind.

3. FRAUEN

Da gibts ja mehrere von:

Women on Wheels

Das sind Frauen, die selber Motorräder fahren und eine Bereicherung der Szene darstellen, weil sie zu den wenigen gehören, die man straflos überholen darf (s. dort). Völlig klar, dass eine Frau nie das gleiche Verhältnis zu einem Motorrad entwickeln kann wie ein Mann. Hinzu kommt die Abhängigkeit vom E-Starter. Hauptanschaffungskriterien einer Frau für ein Motorrad sind Sitzhöhe und Farbe. Da kommen eigentlich nur zwei Kradgruppen infrage: Schlitzi-Cruiser und gechoppte Custom-Harleys. Letztere gehen nicht wegen keinem E-Starter und zu schwer. Bleibt also bloß noch die kackende Lesbe on Wheels. Schade, dabei gibt es doch gerade aus der italienischen Super-Bike-Forschung einige tiefer gelegte Frauenmotorräder, die echt einen schlanken Fuß machen.

Nackte

Kein Harley-Treffen ohne Bier und Titten. Ersteres haben die Milwaukee-Jünger selbst, Letztere zwar auch, sehen aber scheiße aus. Als Deko-Schlampe ist die Tussi mit den Mördertitten ein absolutes Muss für jede Bikershow. Irgendwo ahnen die Custom-Schrauber selber, dass ihre verchromte Kirmesgondel nicht so scharf aussieht, wenn sie ihre eigene Bierplauze auf den Tank schieben. Deshalb muss das nackte Weiberfleisch an die Sissy-Bar. Und wenn es schon mal da ist, kann es auch noch einen Striptease am Lagerfeuer hinlegen oder Schlammcatchen. Die Rolle der Frau auf den Soziussitzen ist wie bei den Taliban, bloß mit weniger Klamotten an.

Ehefrauen, Partnerinnen, Nervensägen

Richtige Pechvögel unter den Kradmeldern haben zu Hause einen Rochen sitzen, der null Verständnis für Motorräder hat. Dauernd wird genölt, dass man sich totfahren könnte und dann kein Versorger mehr da wäre für die Alte und die Schacker. Außerdem stiehlt man die Zeit fürs Rumbügeln ja der Familie. Und statt die Sidepipes zu polieren, sollte man lieber mal Maik-Pattrick die Kacke aus der Windel kratzen. Harte Jungs scheißen auf das Genöle und verpissen sich einfach. Frauenversteher suchen den Kompromiss im familientauglichen Beiwagengespann oder kaufen Mama eine kleine Suzuki.

Bräute, Babes und Sozias

Der Glückspilz kennt eine Frau, die selber kein Motorrad fährt, aber gerne hintendrauf sitzt. Sie ist nicht zu schwer, schleift auch in Kurven nicht mit den Füßen übern Boden, sondern liebt ihre Rolle als lebender Nierenwärmer. Wenn einem so viel Gutes widerfährt, das ist schon ’n Blick nach oben wert.

4. KOMMUNEN, POLITIKER UND BEHÖRDEN

Direkt vor der Garage fängt das Feindesland an, denn hier regiert der Sheriff mit seinen Schergen. Die Traumvorstellung eines jeden Gurkentreibers ist ein geteertes Mittelgebirge mit Pommesbuden auf den Passhöhen, ohne Werbetafeln für die StVO am Wegesrand, ohne den ganzen Scheiß, der einen davon abhält, die Kurve genau so zu nehmen, wie sies braucht. Die letzte Ahnung vom Paradies waren die autofreien Sonntage in den Siebzigern, blöderweise war der Name voll der Beschiss, weil Motorräder auch nicht fahren durften, es sei denn, der Fahrer hatte in Stalingrad beide Stelzen verloren. Seitdem engt sich der Lebensraum der Motorradfahrer immer mehr ein und das bei einer steigenden Population – verdammte Pekinesenkotze! Und die alle sind schuld:

Gemeinde- und Stadtverwaltungen

Überall stellen sie Tempo-30-Schilder auf oder sperren die geilsten Serpentinenstrecken am Wochenende für Motorradfahrer. An schönen, geraden Straßen bauen sie extra Altersheime mit Lärmschutzhinweisen, damit man ja seine Kiste nicht im zweiten Gang hochreißen kann. Ampeln werden so geschaltet, dass man bei 140 km/h grüne Welle hat. Was darf man aber blöderweise nicht fahren in der Stadt?: 140.

Früher konnte man sein Eisen einfach auf den Bürgersteig vor die Eisdiele schieben und fertig. Heute gibts vier Kradeinstellplätze vorm Bahnhof und wer woanders parkt, muss blechen. Der abgemeldete Teileträger darf auch nicht mehr auf dem Gehweg vor sich hinsiffen, denn dann gibts Lack vom Ordnungsamt. Alles ein großer Mist, aber wenigstens gehts den Autofahrern auch nicht besser.

Politiker

Die haben ja bekanntermaßen von nix irgendeine Ahnung, und da der Biker so was wie der Kampfhund unter den Verkehrsteilnehmern ist, soll der jetzt auch eine verpasst kriegen. Das fing ja an mit der Helmpflicht seinerzeit, nun quasseln alle von Kombis mit Protektoren und passivem Unfallschutz beim Motorrad – so lange, bis bloß noch der BMW-C1-Roller übrig bleibt auf der Straße oder ein Bikertreffen aussieht wie eine Truppenübung auf dem Kampfstern Galaktika.

Neueste Idee von den Nixblickern ist die Katalysatoren-Nachrüstpflicht für alle älteren Motorräder. Das wäre angeblich der Hit für Kollege Umwelt. Erst mal gibt es gar nicht so viel Katmodelle, wies verschiedene Kradmotoren gibt. Und zweitens versaut ein Motorrad allein schon wegen der geringeren Kilometer pro Jahr das Gänseblümchen nicht annähernd so wie der Öko-Diesel vom Berufspendler. Aber darum gehts denen ja auch gar nicht, die wollen bloß Kohle einsacken.

Behörden und Verwaltung

Da gibts als wesentlichen Verein ja hauptsächlich die Kfz-Zulassungsstelle. Früher musste man da dauernd hin, stundenlang auf dem Flur rumstehen und sein Teil über den Winter abmelden und im Sommer wieder anmelden. Das war scheißenteuer und kostete viel Zeit. Heute gehts bequemer mit dem Saisonkennzeichen, dafür hat man aber auch den ganzen Sommer über das Weicheischild am Schutzblech kleben. Engster Verbündeter und Helfershelfer der Behörde ist der ...

TÜV

Heute gibt es auch Konkurrenz von der DEKRA und anderen Überwachungsvereinen, sodass der Laden endlich entnazifiziert wurde. Der TÜV sagt dir, was geht und was nicht. Seine stärkste Waffe ist die „Vollabnahme": Dann tut er so, als ob du deine Hütte selber erfunden hättest und er nun feststellen muss, ob so was überhaupt leben darf. Gegen eine Vollabnahme ist das Jüngste Gericht wie ein Besuch bei Opa im Siechenheim. Die andere Waffe ist die „Eintragung". Alles was du sinnvollerweise an deine vom Hersteller verschandelten Gurke verbesserst, muss der TÜV in den Brief eintragen. Dazu bedient er sich so unfairer Waffen wie Maßbändern, Phonstärkenmessgeräten oder Abgassonden. Mit an sich zutreffenden Argumenten wie „das Originalteil sah aber scheiße aus" musst du den Blaukitteln nicht kommen. Und weil das so gut geklappt hat mit dem Rumkritisieren, macht der TÜV das jetzt auch bei Menschen – vorerst mal bei solchen, die ihre Fahrerlaubnis blank geschmissen haben. Die müssen zur MPU, der Vollabnahme für Kfz-Fahrer. Dagegen wiederum ist der Fahrzeug-TÜV ein mildes Frühlingslüftchen. Bei der MPU, der medizinisch-psychologischen Untersuchung, wird man von einem Irrenarzt gefragt, ob man beim Onanieren Alkohol trinkt. Beide möglichen Antworten sind falsch. Wenn man allerdings fünfhundert Kracher für einen Schutzgeldkurs beim TÜV bezahlt, sind beide Antworten richtig und man kriegt seinen Lappen zurück.

5. POLIZEI

An sich auch eine Behörde, aber weil sie hässliche Uniformen trägt und eine Wumme, spielt sie eine gesonderte Rolle. Der einzige Vorteil: Zu denen muss man nicht extra hinjuckeln, die haben einen funktionierenden Außendienst. Nachteil: Die Leistung, die sie anbieten, ist nicht gefragt. Meistens stehen sie irgendwo im Gebüsch rum und messen die Geschwindigkeiten vom vorbeirauschenden Verkehr nach. Hast du Pech, dann wirst du 500 Meter weiter abgefangen und der Lappen ist weg. Hast du Glück, machen sie nur ein Foto, und weil du (noch) kein Nummernschild am Helm hängen hast, können sie sich das in ihr Album kleben.

Haben sie dich mal angehalten, überprüfen sie auch gerne den Zustand deiner Hütte und gucken dabei schlaumeierisch in deinem Kfz-Schein rum. Dabei können sie mit den Begriffen „offene Dell'Ortos, Kellermann, Marzocchi, Lafranconi, Hoske" usw. sowieso nix anfangen. Am besten, du hältst das Maul, wenn sie dich abfangen. Versuch ja kein schleimscheißerisches Gespräch darüber anzufangen, was der VW-Passat doch für eine coole Karre wäre oder die BMW K 75 RT doch fürn schweinegeiles Superbike – da sind sie empfindlich.

So, jetzt haben wir die meisten Feinde des Motorradfahrers aufgezählt, und wer den Spaß jetzt immer noch nicht verloren hat, der darf sich über die folgenden Kapitel ärgern.

BIKER-ALLTAG AUF DEM LANDE

1. Eine Ricke im sommerlichen Fahrerdress posiert am Ackerrain und lockt die örtliche Kreidlerjugend an.

2. Doch mehr noch als den lasziven Reizen der Zweiradamazone gehört die Aufmerksamkeit des Kreidlerfahrers naturgemäß seiner Maschine.

3. Und was hat die Kreidlerjugend von all dem Rekeln und Schmachten, wenn der richtige Zeitpunkt verpasst ist und von fern schon der sonore Boxersound des Platzhirschs dröhnt?

4. Der junge Bock hat das Feld geräumt. Auf tritt der alte Rammler, schon grau geworden um die Lichter und an der Brust.

5. Da hält es auch die junge Hindin nicht mehr an ihrem Platz. Wird der Alte ihrem Werben widerstehen können?

6. Es ist Jahre her, dass ein Weibchen ihm so nahe kam, drum ziert sich der alte Kämpe noch ein wenig ...

7. ... doch als sie ihm eine unsägliche Schweinerei ins Ohr flüstert, schließen sich die Schenkel des Platzhirschs voller Vorfreude um den Tank seiner Maschine.

Mike: Oder lieber ein Cabrio?

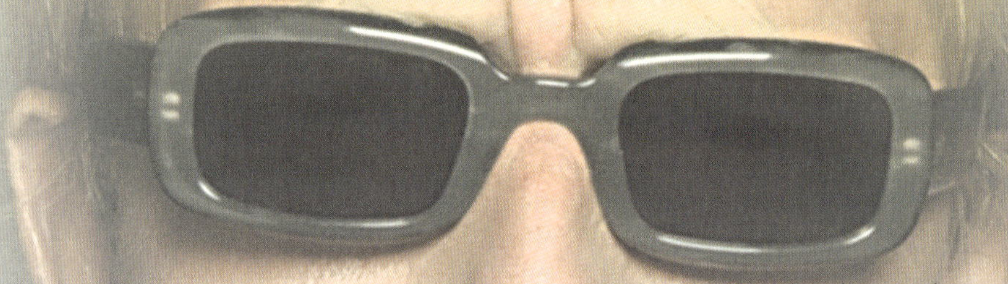

Okay, ich weiß nicht, ob du schon mal drüber nachgedacht hast, dir ein wirklich geiles Geschoss zu besorgen. Der gute alte Mike ist am Weekend mal zu den Cabrio-Providern geschiggert und hat sich die aktuellen Modelle zeigen lassen. Weißt du, brother, willst du dabei sein, wenn im Frühling die Hühner verteilt werden, dann darfst du nicht mit dem Bus kommen. An einem Cabrio in Springtime kleben sie wie die Scheißhausfliegen. Mit dem amtlichen Dosenöffner fährst du auf die Jagd. Okay, und jetzt kommt ein Tipp vom guten alten Mike: Fahr nicht zur Eisdiele, fahr zur Dönerbude. In der Eisdiele sitzen zwar die schärferen Chicks, aber die Geräte, die nachmittags Kebab fressen, brauchens nötiger. Okay! Du parkst dein mintfarbenes Cabrio im absoluten Halteverbot oder quer auf der Krüppelfläche. Damit sagst du den Tierchen, dass du independent bist. Dann fragst du das hässlichste Huhn, das du entdecken kannst, wies mit einem kleinen Ausritt wär. Okay, fette Fleischfachverkäuferinnen sind nicht der Mega-Hit, aber du musst nur einmal fragen. Im Handschuhfach hast du eine gekühlte Flasche Contrasecco, das ist Sekt mit Korn. Die schüttest du in das Huhn rein, bis die Deckstarre eintritt. Wenn das Gerät sturmreif geflutet ist, nebelst du sie so lange mit Raumspray ein, bis du die Zwiebeln vom Döner nicht mehr riechst. Dann greifst du noch mal in dein Handschuhfach und ziehst ihr die blonde Langhaarperücke über die Mini-Pli-Frisur. Okay, commandante, jetzt ist die Zeit gekommen, wo es für den guten alten Mike ans Ernten geht. Um nicht unnötig Zeit zu verplempern, musst du ein gnadenlos abgebrühter Typ sein, so wie der gute alte Mike. Du fragst den aufgerissenen Hasen am besten sofort, ob er es sich hier und jetzt von dir machen lässt. Wenn du Glück hast, hombre, kriegst du den besten Fick deines Lebens. Hast du Pech, kriegst du einen Tritt in die Eier, den du auch den Rest deines Lebens nicht vergessen wirst. Okay, Bruder. Seit 10 Jahren arbeite ich nach dieser Theorie und ich hätte nicht gedacht, dass Eier so viel aushalten.

Vorurteile

Nichts ist so schön im Bikerleben, als den anderen richtig scheiße zu finden. Damit man weiß, worum es geht, steht hier die Liste mit den angesagten Vorurteilen.

TYP	**Was andere von ihm denken:**	**Was er selbst von sich denkt:**	**Haupt-gegner:**
MUSCLE-BIKE-FAHRER:	*Hirnverbrannte Vollidioten mit Todestrieb; feilen heimlich ihre Kniescheibe an, um extreme Kurvenlagen vorzutäuschen; halten Drehzahlen unter zehntausend für Standgeräusche; tragen beim Sex Protektoren und sind nach fünf Sekunden fertig.*	*Warum parken eigentlich alle auf der Autobahn? Motorradfahren ist besser als Sex. Sonnabend nachts lohnt sich jedenfalls noch das Hochschalten in den fünften Gang.*	*Nässe, Laub, Rollsplit und Porschefahrer, die sich selbst überschätzen.*
STREET-FIGHTER:	*Einsperren und den Schlüssel wegschmeißen! Was ist da schief gelaufen in der Erziehung? Die sind schuld, dass die Versicherungsprämien dauernd steigen. Wird hier ein Film gedreht? Hoffentlich muss ich den nicht gucken.*	*Hier wird gerade ein Film gedreht und alle, die da rumstehen, müssen den jetzt gucken! Vielleicht schaff ich den Wheely bis zum McDrive-Schalter noch – oh, Scheiße, doch nicht.*	*Straßenbahnschienen, Hinterreifen und die Schwerkraft.*

TYP	Was andere von ihm denken:	Was er selbst von sich denkt:	Haupt-gegner:
HARLEY-FAHRER	*Versoffene Raubmörder; schwule Werbefuzzis; Zahnärzte mit kleinem Pimmel. Eine Harley ist primitiv, laut und ständig kaputt, zieht keinen Hering von der Roste und kostet so viel wie drei richtige Motorräder. Ein schönes Beispiel dafür, dass Amis nix können, was mit Rädern zu tun hat.*	*Es gibt Harleys, danach zehn Kubikmeter Katzenscheiße und dann kommen alle anderen so genannten Motorräder. Harley fahren ist eine Geisteshaltung, entweder man hats begriffen oder man muss blöd sterben.*	*Japanische Harley-Repliken, die billiger und besser sind.*
RUSSEN-TREIBER:	*Arme Schweine, die sich kein Motorrad leisten können. Die gibts hauptsächlich als Gespann, weil die Solomaschinen mitten durchbrechen würden. Beispiel für den Irrweg des Sozialismus. Für umsonst noch zu teuer.*	*Preiswerte Klassiker. Wieso, die tuns doch? Alle andern haben nur keine Ahnung vom Schrauben; im Grunde sind das doch BMWs. Alle anderen sind verweichlichte Wichser. Was sogar in Russland funktioniert, muss hier doch auch irgendwie zum Laufen gebracht werden können.*	*MZ- und Jawa-Gespanne: noch billiger, aber zuverlässiger und schneller.*
BMW-FAHRER:	*Gummikuhhirten; Griffheizungsabhängige; sogar der Penis ist mit einem Kreuzgelenk am Körper befestigt und liegt in*	*Es gibt Motorräder und BMWs; sie sind die Herrenfahrer, alle anderen fahren zusammengefrickelten Schrott. Warum außerhalb*	*Harley-Fahrer. Der deutsche Ingenieur in ihnen kriegt grüne Pickel, wenn er nur schon*

TYP	Was andere von ihm denken:	Was er selbst von sich denkt:	Haupt-gegner:
	einem voll verkapselten Ölbad. Das Geilste an ihrer BMW ist für sie das Gepäcksystem; für einen Aufkleber vom Nordkap würden sie ihre Frau verlassen.	Deutschlands überhaupt Motorräder gebaut werden, ist ihnen ein Rätsel. Als Gott die R69S und danach noch die R90S geschaffen hat, war die Schöpfung endlich vollendet.	den Zylinderwinkel von diesen Dingern sieht.
GOLD WING-FAHRER:	Mümmelgreise mit einer Viagra-Überdosis; was könnte man für das schöne Geld alles kaufen! Opel Kadett auf zwei Rädern. Wenn ich mal so weit bin, gibt es hoffentlich gute Freunde, die mich vorher erschießen.	Mann, ist das hier urgemütlich auf meiner Gold Wing. Toll, man merkt gar nicht, dass man auf einem Motorrad sitzt. Noch größer und breiter, das wäre der Traum. Und ab und zu: Hätte ich mich rechtzeitig scheiden lassen, könnte ich heute ein richtiges Motorrad fahren.	Alle anderen Motorradfahrer, die nicht zurückgrüßen.
CRUISER:	Schwachmaten, die die Straße zum Wandern missbrauchen. Hoffentlich habe ich gute Freunde, die mich rechtzeitig erschießen, bevor ich so ende. Warum fahren die zum Kacken in der Gegend herum? Wird man dafür bezahlt, dass man son Ding fährt?!	Wenn alle so fahren würden wie ich, gäbs keine Unfälle mehr. Schön, dass Bärbel jetzt auch Spaß am Biken gefunden hat. Die Thermo-Unterwäsche kneift etwas im Schritt, sonst aber macht es sehr viel Spaß, im Sommer durch die Landschaft zu bummeln.	Autobahnen mit Mindestgeschwindigkeit 60.

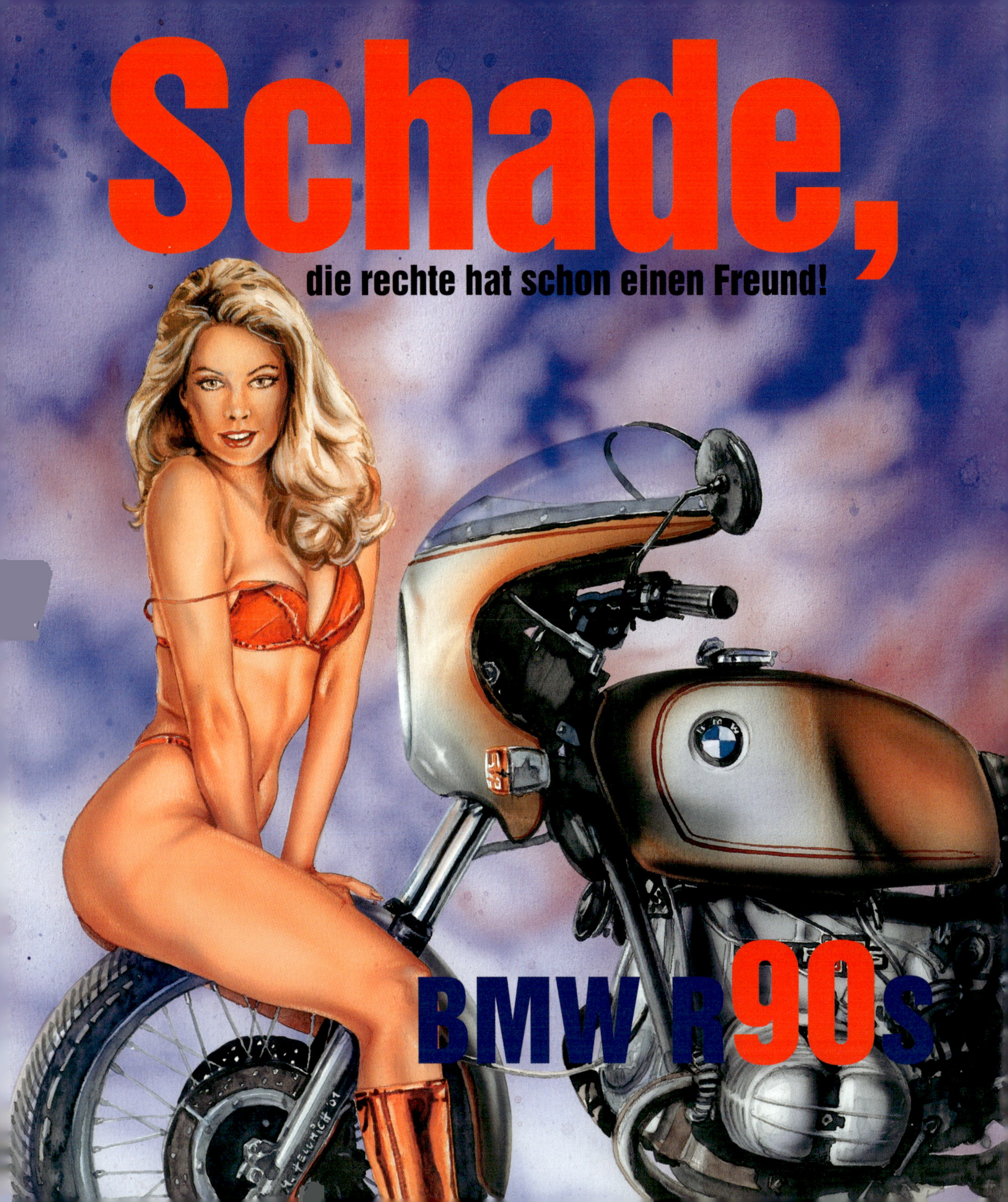
Schade,
die rechte hat schon einen Freund!
BMW R90S

21 MOTORRAD-TYPEN

Lizenz zur Selbsttötung

HUNDERTFÜNFUNDZWANZIGER

Der Mann ab 40 war an sich schon fertig mit der Welt: Passat Kombi fahren, sonntags der Alten beim Spülen helfen und Überstunden kloppen, damit sich die ätzenden Blagen dauernd neue Klingelzeichen auf ihre Handys jubeln können. Motorradfahren war nicht, wegen keine Mücken fürn Führerschein gehabt als 18-Jähriger. Da erschien wie von Geisterhand eine Regelung aus Brüssel am Horizont: Alte Säcke, die ihren Dreierlappen vor April 1980 gemacht hatten, dürfen ab sofort auf schwachmatischen 125ern reiten und müssen dafür nicht mal Steuern zahlen.

Da hielt es den Mann mit der Plauze nicht mehr bei seinem Rochen und den Ätzblagen – ab zum Händler und die Gurken aus dem Regal gerissen.

Und was er da zu sehen kriegt, lässt ihn die Schwimmerkammer in der Hose schrumpeln: Die machen ja echt was her, die Kameraden. Ist nicht mehr wie früher, wo eine 125er automatisch Einzylinder und Zweitakt bedeutete. Heute kannst du alles kriegen: V2-Motoren, Cruiser, Enduros, Plastikbomber – sehen aus wie richtige Motorräder, mit dem einzigen Unterschied, dass unterm Tank der Kastrat vor sich hin hüstelt.

Papa ist es egal, er darf endlich ein richtiger Biker sein und dank seiner nicht vorhandenen Fahrpraxis hat er einen echten Witwenmacher zwischen den Beinen.

Der Krieg gegen die Maschine:

BELLA MACCHINA

Schönheit ohne Vergänglichkeit kann sich ein Italiener nicht vorstellen. Und wenn schon Venedig langsam wegfault, warum sollte ein Motorrad dann ewig halten. Nach diesem Ingenieursprinzip schuf er so grandiose Schönheiten wie die Ducati SS 900, die MV Agustas oder die Moto Guzzi V7 Sport. Wobei ihm bei der Guzzi ein besonderes Kunststück gelang: Trotz Verwendung zuverlässiger und jahrelang erprobter Automobiltechnik entstand eine anfällige Rappelkiste. Logischerweise schwärmt der Italiener für BMWs, der Teutone hingegen erwärmt sich für die deutlich besser aussehenden Italienerinnen. Und wenn das Schienbein am Zylinder kokelt, der Nieselregen das Rücklicht ausgeknipst hat und die Steuerkette rasselt wie ein Eimer voll alter Schrauben, den Guzzi-Fan, den kratzt das nicht.

Er weiß, dass er ja nicht lange fahren muss, denn spätestens nach einer Stunde verlangt der trunksüchtige V2 nach neuem Stoff. Kultivierter benimmt sich da die Ducati. Dank der zwangsweisen Ventilsteuerung über Königswelle klingt das Gerät selbst im absolut intakten Zustand schon kaputt. Ein Meilenstein des Motorenbaus gelang auch Benelli mit der Sei. Sechs Zylinder in Reihe schalten, damit man nicht mehr zwischen die Pömpel der Fußgängerzone durchpasst: eine schöne nutzlose Idee und typisch italienisch.

Heute dürfte das bekannteste Produkt der Südländer die Monsterserie von Ducati sein. Die Dinger fahren sich wie Mofas mit einem Arschtritt vom Satan – schöner gehts eigentlich nicht mehr.

Papa wills noch mal wissen

BMW

Von denen gibts ja mehrere, die eigentlich gar nix miteinander zu tun haben. Da sind erst mal die Daddys, die sich Anfang der 70er 'ne Strich Fünf gezogen haben und die nun jeden Sonnabend vor die Garage fahren und eben mal mit einem feuchten Lappen übern Tank gehen. Die haben nur eine Sorge: dass sie eher abkratzen als ihre BMW und ihre Witwe dann mit einem Ako Pads über den Chrom rubbelt.

0-24h

Ja und dann sind da noch die Heinis, die sich Ende der 70er eine 1000er Boxer mit Vollverkleidung zugelegt haben. Die würden am liebsten jedes Wochenende zum Nordkap bügeln und sich einen neuen Aufkleber an die Packtaschen hauen. Weil das aber ihre Alte nicht mitmacht, tun sie so, als ob bei ihnen vor der Garage direkt der Polarkreis anfängt, und bauen sich erst mal eine Griffheizung an die 1000er ran.

Als die K-Reihe auf den Markt kam, fanden die alle Boxerfahrer – logisch – voll Scheiße, weil die klingt wie eine Waschmaschine im Schleudergang. So viel Hoske-Tüten kannst du an die Gurken gar nicht dranmachen, dass du da ein vernünftiges Geräusch rauskriegst. Trotzdem haben sich dann doch alle eine gekauft, weil die nicht ganz so verboten aussahen wie die Schlitzifeilen. Am härtesten war dann aber die K 1, die schnellste Zahnpastatube der Welt. Ein Wendekreis wie ein LKW und verkleidet wie ein Motorroller aus Rumänien. Wenn du da eine R 50 danebenstellst, musst du doch denken, irgendwann in den 80ern haben die Außerirdischen die BMW-Designabteilung überfallen.

Das Gegenteil ist die R 100 R, der so genannte klassische Boxer. Sieht zwar auch kaum klassisch aus, eher wie ein indischer Lizenznachbau der R 75, fährt aber besser als die alten Gummikühe. Deshalb haben die davon in den letzten Jahr dermaßen viel verkauft, dass der BMW-Motorradchef seinen Posten verloren hat wegen Übersollerfüllung. Das Teil verkauft sich wie Bananen in Magdeburg, sieht noch aus wie ein richtiges Motorrad und nicht wie die hyperverchromten Angeberfeilen aus Amerika und ist erst noch 5000 Euro billiger als so ein Eisenhaufen aus Milwaukee. Danach sind die BMW-Fritzen allerdings komplett durchgedreht: Von der 650er Einzylinder bis zur neuen 1100er Boxer gibts jetzt alles, wo sich beim BMW-Kunden der Magen umdreht. Und was macht der? Restauriert sich einen Wolf an den vergammelten Gummikühen von gestern. Schöner Mist, aber bei ihn gehts wenigstens noch. Einen alten Japaner zu restaurieren wäre ja genauso sinnvoll wie eine Würstchenpappe aus den Siebzigern wieder flott zu machen.

Überrollbügel mit Kullern
BMW-C1-ROLLER

Wie muss ein Zweirad aussehen für Leute, die Zweiräder hassen wie die Pest? Diese sinnlos erscheinende Frage stellten sich die Marketingfachleute von BMW, und die Antwort ist der C1-Roller, ein rasender Überrollbügel mit Kullern dran. Das Design ist dem elektrischen Stuhl im Staatsgefängnis von Spartanburg/Alabama nachempfunden. Und wie ein zum Tode Verurteilter hockt der angeschnallte Delinquent denn auch in seiner Pissbude und freut sich, dass die Leute mit dem Finger auf ihn zeigen. Er wird so verachtet, wie es ein Harley-Fahrer von sich wünschen würde. Während aber die Klapperkiste aus Milwaukee zu einem innerstädtischen Nahverkehrsmittel degenerierte, sitzen die Outlaws im C1-Roller. Angetrieben vom Scheibenwischermotor des 3er BMW, hüstelt sich das Dixi-Klo zwischen den Autos durch. Das Teil ist dermaßen lahmarschig, dass man noch nicht mal einen Helm tragen muss, anders als auf einem Kinderfahrrad etwa. Zurzeit verhandelt BMW mit dem Bundesverkehrsminister über die Zulassung des C1 auf Bürgersteigen und mit der AOK über die Anerkennung als Versehrtenfahrzeug. Ganz neu ist, dass man darauf auch keine Hose tragen muss, weil der Schniedel des Besitzers dermaßen klein ist, dass es nichts zu bedecken gibt.

DИEPЯ

Weil die Leute von BMW natürlich längst ahnen, dass ihnen mit dem C1 ein großer Wurf gelungen ist – und zwar in die Rumpelkiste –, motzen sie die Restbestände mit immer mehr Luxusblödsinn auf. In der Business-Edition gibts den kullernden Kackstuhl mit Leder überzogen und Internet im Seitenständer. Und neuerdings wird sogar der Scheibenwischermotor der 5er-Reihe eingebaut. Bravo, bravo, da ist den Erfindern der Griffheizung etwas ganz Tolles geglückt!

Dabei gäbe es für den C1 ein richtig schönes Anwendungsfeld: Straffällig gewordene Rockerpräsis könnten anstatt in den Bau einzufahren, auch wahlweise zwei Jahre mit dem Treppenlift für draußen durchs Rotlichtviertel cruisen. Ihre kriminelle Karriere wäre damit in jedem Fall zu Ende.

Stalins Rache

DNJEPR UND URAL

Die beiden größten Drecksäcke des Jahrhunderts, Hitler und Stalin, waren ja mal dicke Kumpels, und weil das alles so super klappte mit dem internationalen Drecksacktum, sprach Josef: Ey, Atze, lass ma 'ne BMW R 71 rüberwachsen, dass wir die mal nachbauen können für unsre Armee. Das haben sie dann auch gemacht und in Sibirien unter dem Pseudonym „Ural" zusammengekloppt. Mit der Männerfreundschaft der beiden Schweinepriester war das ja nun bald vorbei, und 45 hatte der Iwan die deutsche Wehrmacht mit ihren Zündapps und dreibeinigen Gummikühen endgültig hinter die Elbe zurückgejagt. Ist klar, dass Stalin stinkesauer war. Ihr Scheißtypen, hat er sich gesagt, euch mach ich feddich! Und also hat er in Thüringen das BMW-Werk abgeschraubt und an den Dnjepr verschleppt. Dort hat er alle Arbeiter aus seinem Sowjetreich zusammengetrommelt, die zwei linke Hände hatten, und zu denen gesagt: Ey, ihr Kaputten, ihr ballert jetzt noch mehr nachgemachte BMWs zusammen, und alle die, wo mehr als 50 Bolzen mit'n Hammer schief in die Gewinde gekloppt sind, gehen in den Export nach Westdeutschland. Das war die Geburtsstunde der Dnjepr – die Ural gabs ja schon.

So kommt es, dass du noch heute für noch nicht mal 4000 Euro ein Ural-Gespann nach Hause schieben kannst. Da grinst der Geizkragen. Ist ja auch ein Supergeschäft. Eine Harley ist auch Vorkriegstechnik, kostet aber viermal so viel.
Der Ural- und Dnjepr-Importeur hat mal ein Preisausschreiben gemacht: Wer ein Foto von einer fahrenden Stalinorgel schickt, kriegt eine Tube Locktite. Zwei Bilder mit tatsächlich fahrenden Solomaschinen gingen ein. Nachher kam aber doch raus: Die Typen hatten für die Aufnahme bloß mal kurz die Beine hochgezogen und einen Grillanzünder in den Auspuff geschoben. Und so gibt es bis heute noch keinen Beweis dafür, dass die Taigaschüsseln tatsächlich fahren.
Wer sich eine gekauft hat, versucht das möglichst ein paar Monate geheim zu halten, und setzt sie dann ratzfatz für den halben Preis in den Kleinanzeigenteil. Die ganz Fertigen, die noch an den Endsieg des Sozialismus glauben, versuchen den Russen mit BMW- und Schlitzi-Teilen wenigstens so weit aufzumotzen, dass sie die KGB-Feile als Mofa anmelden können. Wenn sie das schaffen, latschen sie zum Flohmarkt und kaufen sich den Lenin-Orden in Bronze.
Für die mädchenhaften Weicheier unter den Ural-Käufern gibts einen Deutschland-Importeur, der ein paar Sicherheitsdetails wie Tankdeckel oder Vorderradbremse nachrüstet und die gröbsten Schweißnähte wegflext. Das ist natürlich nix für den echten Russen-Fan. Der steht auf Grauimport und lässt sich sein Stalin-Monster verteilt auf 8 Polski-Fiats einfliegen und freut sich zu Hause einen Ast, wenn über die Hälfte der Teile ankommen und davon höchstens zwei Drittel eigentlich in eine rumänische Straßenbahn gehören. Für den ganzen Sums blättert er grinsend 2500 Euro auf den Tresen.

Immer auf der Flucht
ENDUROS

Seit ein paar Jahren, seit es vor lauter Eigenheimsiedlungen und Mülldeponien kein Gelände mehr gibt, werden die Dinger mit den grobstolligen Reifen komischerweise immer mehr. Aussehen tun die Typen, als wollten sie sofort an die Front fahren, dabei bügeln sie bloß zur nächstgelegenen Eisdiele hin. Wenn sie grad nicht ihre Rüstung anhaben, dann rasen sie meist mit T-Shirt und kurzer Hose durch die Stadt, damit sie auch ja eine richtig schöne Schürfwunde zustande bringen, wenn sie sich mal auf die Fresse legen.
Vom Lebensgefühl und den Neonklamotten her sind das sowieso keine Motorradfahrer, sondern Surfer. Bloß dass sie noch nicht gerafft haben, dass Asphalt zwar im Sommer genauso warm ist wie Wasser, aber

man trotzdem nicht so oft raufballern sollte. Ich schätze, dass bei den meisten von diesen Fritzen die Oma immer frisch rasiert in der Hautklinik rumliegt für den Fall, dass mal wieder ein paar Hautlappen auf den weggeschmirgelten Arsch gespendet werden müssen.

An der Mühle sind auch dauernd wasserdichte Überlebenskoffer aus Alu drangebraten, mit Moskitonetzen, Entsalzungstabletten, Atropin-Spritzen und Tauschartikel für Eingeborene. So bügeln sie zum Supermarkt und haben nicht mal mehr Platz für eine Packung Lümmeltüten. Brauchen sie allerdings auch nicht, weil sie aus Trainingsgründen sowieso auf Sex verzichten. Schließlich kannst du in der Sahara, wenn du von Paris nach Dakar orgelst, auch nicht dauernd auf die Mama drauf.

So ist der Enduro-Fahrer dauernd auf der Flucht, hat seine Heimatstadt aber noch nie verlassen. Denn sie träumen zwar alle davon, mit ihrem bunten Plastikhobel wenigstens einmal durch die Sahara zu krajohlen, daraus wird aber meist nix, denn garantiert liegt wieder einer aus der Clique im Krankenhaus, weil er sich am hochgezogenen Auspuff die Eier gebraten hat.

Toter Mythos von der Insel

ENGLÄNDERINNEN

Genau wie ihre Schwestern aus Fleisch und Blut, sind die eisernen Ladys vom Allwetterfelsen schwer gewöhnungsbedürftig. Während Erstere hauptsächlich merkwürdig aussehen, aber prima funktionieren, ist es bei den Zweirädern genau umgekehrt. Angefangen von der Brough Superior bis zu Triumph, Norton oder BSA hat der Tommy jede Menge scharfe Weiber auf die Reifen gestellt, aber nie die Standfestigkeit einer Ural oder Nanchang erreicht. Trotzdem profitiert er noch heute von seinen Klöterkisten: Das Öl in der Nordsee rund um seine Insel ist alles in den 50er- und 60er-Jahren von den Motoren runtergesifft. Zylinderkopfdichtungen aus in Pavianscheiße getränktem Filz sind zwar traditionsmäßig voll in Ordnung – damit wurde schon bei Heinrich dem Achten die Inkontinenz zum Stillstand gebracht –, aber die Bonny nässte weiter am Fuß. Irgendwann in den Siebzigern ging wie alles beim Briten auch seine Motorradindustrie den Bach runter; die Royal Enfield überlebte als Einzige noch im indischen Asyl und ist seitdem ein Motorrad gewordenes Argument für Globalisierungsgegner. In den Achtzigern gab es eine Renaissance der englischen Lady. Der erste Prototyp hieß Margaret Thatcher und war ein typisches Beispiel britischen Motorenbaus: Für kurze Zeit hart im Nehmen und dann fällt alles auseinander. Erst Anfang der Neunziger wagte man einen nächsten Schritt: Die englische Bikerleiche Triumph wurde wiederbelebt und unter den klassischen Namen Bonneville und Thunderbird warf man zwei japanoide Retroschüsseln auf den Markt. Dumm ist nur, dass das Originalplagiat von Kawasaki besser aussieht und weniger kostet.

Buanas Liebling
DAS EXOTENMOTORRAD

Als der Japaner mit seiner Industriespionage fertig war und eigene Motorräder zusammenschrauben konnte, gingen die Europäer einer nach dem andern in die Wicken. Die Produktionsanlagen wurden fürn Appel und 'n Ei an den

Drittweltfredi verhökert und dafür stehen bei uns heute die Zündapp aus China und die Vespa aus Indien im Laden. Erbarmungslos rächt sich der Asiate für die Jahrhunderte der Kolonialherrschaft. Eine Royal Enfield aus Madras gammelt dir dermaßen schnell unter dem Arsch weg – die müssen in ihrer Firma russische Berater gehabt haben. Und die Zündschlapp aus Shanghai hätten sie in der Lehrwerkstatt von Simson nicht mal mit dem Arsch angeguckt. Was soll also der Import von der Grütze? Nun schielt natürlich der Joghurtbecherhasser immer nach dem guten alten Klassiker, auch wenn es die Version aus dem Kaugummiautomaten ist. Und nach dem Wegfall der Zonenfeile MZ weiß der Soziologiestudent nicht mehr, was bewusstseinsmäßig noch grade mal so durchgeht. Da kommt ihm die Bhagwangurke grade recht. Die Beklopptesten schließlich wollen unbedingt eine Schleuder, die kein anderer fährt. Weil Harley und Indian schon bei jedem zweiten Zahnarzt im Wartezimmer stehen und Ural und Dnjepr die einzigen Standmotoren mit Rädern dran bleiben, greift er eben noch tiefer ins Exotenregal und bestellt sich eine Dong Hai aus China oder eine Amazonas aus Brasilien. Bei dem Sambahobel sind sieben Zentner Alteisen locker um einen Bulli-Motor gruppiert. Da läuft sogar dem verwöhnten Gold-Wing-Insassen ein Tropfen Sperma aus dem Lammnappa-Penisfutteral.

Richtig schön rassistisch wird der Exotenimport aber erst, wenn die Bastelvorlage aus der Dritten Welt bei Egli oder einem andern Edeltuner auf den Standard des weißen Mannes getrimmt wird: Ist ja putzig, was sich der Bimbo so zurechtschraubt, aber wie ein richtiges Motorrad aussieht, das entscheidet immer noch der Massa oder die Memsahib.

Angst vorm Umfallen
GESPANNE

Das größte Rätsel unter den Motorradpiloten sind ja die Jungs mit dem Einkaufswagen auf der rechten Seite. Warum, fragt man sich, rasen die mit dem einrädrigen Geschwür durch die Gegend, da kann man sich ja gleich ein Auto kaufen! Nun, die einen von denen haben einfach Muffe, an der Ampel umzukippen und die Kiste nicht wieder hochzukriegen, deshalb das Stützrad mit der Alibiwanne rechts. Andere fahren am liebsten mit Sandalen durch Manövergelände und wollen beim Anhalten die Mauken auf den Fußrasten behalten. Und dann gibts noch die Daddys, die so 'ne dicke Alte haben, wenn die hinten auf dem Hobel sitzt, verliert das Vorderrad den Bodenkontakt. Zack, kommt der Brocken in den Anschraubsarg.

Irgendwie haben die Gespannfritzen es ja geschafft, ihren Stützradfeilen das harte Männerimage zu verpassen. Da hat die Wehrmacht seinerzeit 1a Promotionarbeit geleistet. Damit das Image so bleibt und nicht rauskommt, dass die in Wahrheit den ganzen Beiwagen voll mit Kühltaschen und Grillanzündern haben, treffen sie sich immer bei minus 20 Grad am Nürburgring und hoffen, dass mindestens ein Bein abfriert.

Am beliebtesten bei den Dreiradfahrern war früher die BMW wegen Weltkrieg Zwo. Heute wird an fast jeden Hobel ein Einkaufswagen geschweißt. MZ und Jawa sind dabei so billig, dass man die nach einer Fahrt am günstigsten wegschmeißt und mit dem Bus zurückfährt. Richtige Kracher auf den Tisch legen kannst du am besten bei der Gold Wing. Das Teil kannst du gar nicht mehr als Motorrad, das musst du schon als Zweitwohnsitz anmelden.

Fett und hässlich, aber schnell
GIGANTEN

Friedel Münch hat es vorgemacht: Man nimmt einen Automotor und frickelt so was Ähnliches wie ein Motorrad drumherum. Seine Münch Mammut war 1966 der Knaller mit über hundert PS und mehr als 200 Sachen auf der Bahn.

NOWHERE 10 km

GCW INN
GOLDEN CHICKEN WING INN

Das war ein Teil für Männer, die Frauen wegen ihres Geldes heiraten und denen das Aussehen scheißegal ist. Von der Münch sind aber nicht mal 500 Stück gebaut worden und heute kostet so ein Monster seine 50 000 Euro-Schleifen. Da muss Ersatz auf den Markt.
Der Brasilianer versuchte das gleiche Ding mit einem 1600-VW-Boxermotor, nannte das Urviech „Amazonas" und schlich sich auf den europäischen Markt – ohne Erfolg. Jetzt erst taucht ein neuer Gigant auf der Straße auf: die Boss Hoss, ein Achtzylinder Big Block aus der Corvette schiebt 500 PS auf die Kurbelwelle, und die braucht es auch, um knapp 13 Zentner Zweiradsaurier vom Ständer zu wuchten. Obwohl man ziemlich tief hinterm Tank sitzt, ist dies kein typisches Frauenmotorrad.
Was kann jetzt noch kommen? Ein 12-Zylinder-Magirus-Diesel quer unter den Tank gezergelt. Oder gleich den 14-Liter-Einzylinder-Herford-Motor in den Rahmen aus Doppel-T-Stahlträgern geschraubt, zwei Laufketten vom Braunkohlebagger und ab gehts, Harleys erschrecken!

Hart gegen sich selbst
GOLD WING

Das Motorrad als Einbauküche ist sein größter Traum. Er sitzt fett auf den Kunstledersessel, hinten sitzt Mama, aus der Packtasche glotzt der Pudel und vorne, im eingebauten CD-Spieler, läuft Countrymusik. Das ganze Wochenende überlegt er sich, wo er ein weiteres Gerät einbauen oder noch ein Stück Decifix-Folie in Eichenfurniermaserung drüberkleben kann. Die Mikrowelle hat er sich neben dem Tank eingebaut, den Videorekorder am Lenker montiert, aber wo soll er die Kaffeemaschine unterbringen, ohne den Geschirrspüler noch mal auszubauen?
Wenn er mit seinem Kochstudio unterwegs ist, fährt er beim Anhalten immer extra gegen eine Wand, damit er auch ja beim Losfahren mit seinem Scheißrückwärtsgang angeben kann. Kaum hält er irgendwo zwei Minuten, macht er sich auch schon eine Tütensuppe warm auf seiner Mühle und schiebt seiner Tussi eine neue Truckerkassette in den Arsch. Ärgern tut er sich, dass es die Gold Wing immer noch nicht mit Atomreaktor als Antrieb gibt, dann könnte er noch mehr Strom für Küchengeräte abzapfen.
80 Prozent aller Gold-Wing-Fahrer glauben, dass sie ein Auto fahren, weil sie unter dem ganzen Plastikgammel noch nie die Räder durchgezählt haben. 60 Prozent glauben, dass der E-Starter schon vor dem Ottomotor erfunden wurde, weil man den ja sonst gar nicht angekriegt hätte. Und immer noch 35 Prozent halten ihre eigene rosa gefärbte Tussi für ein Zubehörteil aus dem Hein-Gericke-Katalog. Doch einmal kommt auch für den Küchenchef die Stunde der Wahrheit, dann nämlich, wenn er überall Decifix-

Holzdekorfolie draufgeklebt und alle Geräte eingebaut hat. Jetzt heißt es Mut beweisen: die eigenen Eier abgeschraubt und ab damit zum Verchromer.

Mythos für Werbefuzzis
HARLEY V-ROD

„Harley Davidson hat ein neues Modell herausgebracht", das war siebzig Jahre lang die hohlste Nachricht der Welt, denn der technische Standard der 30er-Jahre ist in Milwaukee Staatsreligion. Als es deshalb im vorletzten Jahr wieder mal hieß: „Harley hat ein neues Modell herausgebracht", dachten natürlich alle an eine neue Unterhose mit dem Harley-Logo oder an eine neue extrem wasserdurchlässige Nylonjacke für fünfhundert Euro. Aber nein, es handelt sich tatsächlich um ein Motorrad. Und das sieht aus fünf Kilometern Entfernung tatsächlich aus wie die andern Museumsgurken: lang, tief und verchromt wie eine Kiste Fahrradlenker. Doch erstmals soll das Teil unter der Tankattrappe nicht allein zum Krachmachen gut sein, sondern tatsächlich für den Vortrieb sorgen. „Revolution" nennt sich das Aggregat und birgt fast so viel revolutionäre Kraft wie ein Bundesparteitag der FDP. Damit sich die ganze Hütte aber nicht gleich wieder auseinander rappelt, hat Porsche die Kraftquelle entworfen und die beweglichen Motorenteile stammen aus deutscher Qualitätsfertigung. Das wird den Harley-Schrauber wenig freuen, denn jetzt kann er mit seinen ausgenudelten Zollschlüsseln gar nicht mehr die Weicheisenmuttern rundlutschen.
Wer kauft sich so was? Keine Sau, schätze ich, es sei denn, Harley bringt eine rattenscharfe Unterwäschekollektion heraus, die nur in Kombination mit der neuen V-Rod abgegeben wird.

Geld spielt keine Rolle
HARLEY-DAVIDSON

Früher hatten die ja meist einen Schlagring, an ihren Kisten alles weggeflext, was irgendwie ging und den Rest mattschwarz übergejaucht. Auf dem Kopp saß gerne auch mal ein Wehrmachtsstahlhelm, und drei Harley-Fahrer hatten mehr Jahre Vorstrafen auf dem Buckel, als eine Schildkröte alt wird. Diese schönen Zeiten sind nun leider vorbei. Heute knattert die Midlifecrisis durch die Altstadt, hat einen Policehelm auf und eine Fransenjacke an. Unter der Jeans trägt der neue Harley-Fahrer Boxershorts mit Harley-Abzeichen und sogar zu Hause auf seinem Lokuspapier hat er noch eine amerikanische Flagge mit einer Eins drauf. Das kostet natürlich alles ein Schweinegeld, deshalb muss er nebenbei noch als Zahnarzt oder Werbefuzzi arbeiten. Alles an seinem Schrotthaufen hat er verchromen lassen – bis auf die Sitzbank, die ist aus Berg-

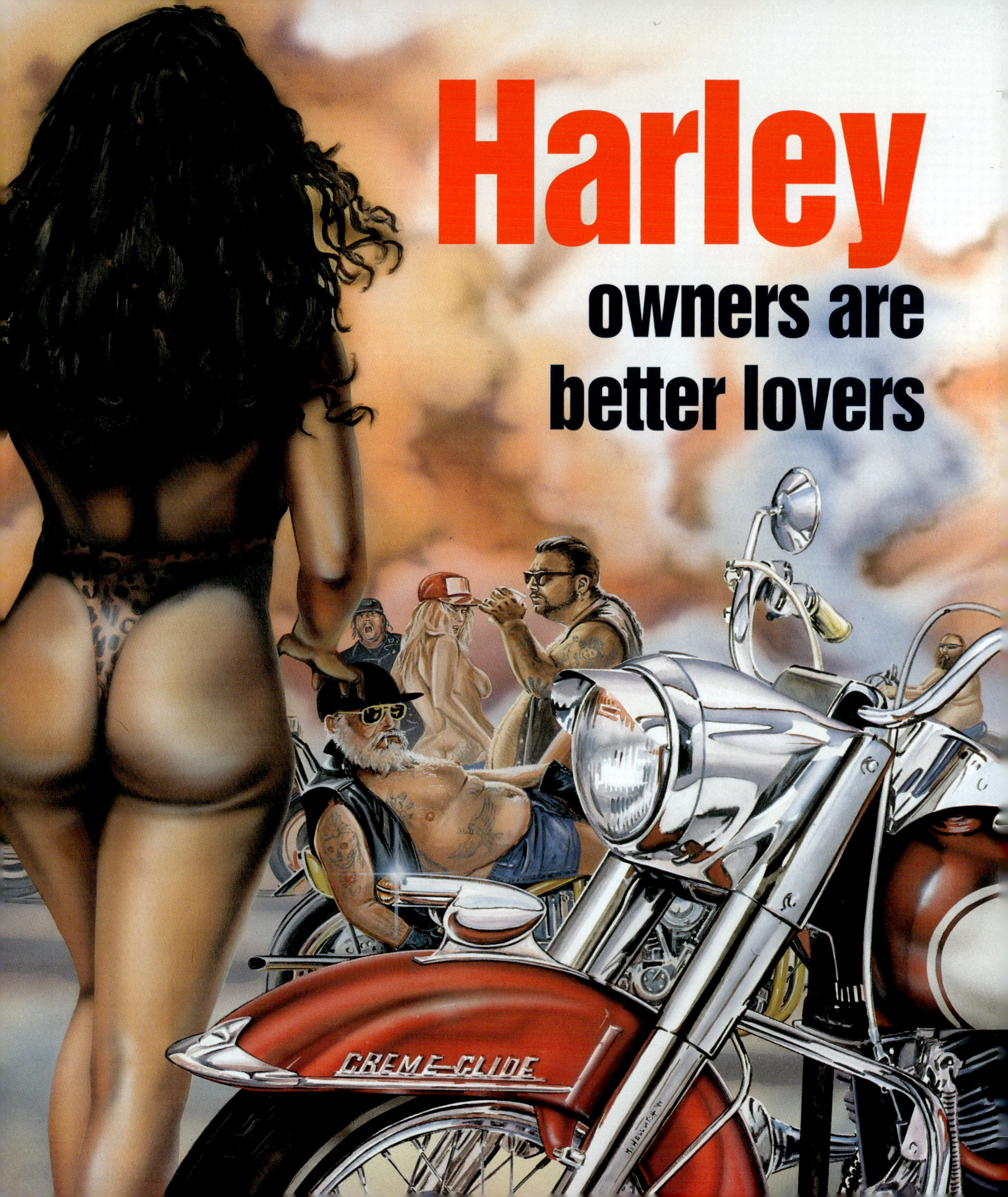
Harley
owners are
better lovers
CREME-GLIDE

ziegenpenisleder oder so was, jedenfalls sauteuer und superempfindlich. Die Harley steht entweder beim Italiener vor der Tür oder beim Händler in Reparatur. Zur Not wird sie auch mal gefahren, aber nur wenns nicht regnet. Am liebsten würde er seinen eigenen Arsch zumauern und sich einen seitlichen Ausgang legen lassen, weil er Sidepipes so geil findet.

Weils an der Rohstoffverschwendung aus Milwaukee dauernd was zu schrauben gibt, haben alle eine Werkzeugtasche vorne an die Gabel gehängt, ist aber nix drin, weil sie eh keine Ahnung von dem Museum unter ihrem Arsch haben. Wenn sie also liegen bleiben, müssen sie den ADAC anrufen. Das ist ihnen allerdings so peinlich, dass sie ihre Heritage Softail lieber heimlich in einen Graben schieben und sich schnell eine Neue kaufen: Die Rekordumsätze dieser Eisenfeile liegen bloß daran, dass die Straßengräben an den Autobahnen voll sind mit Harleys, wo ein Faden in der Kerze ist.

Warum kaufen sich die Masos trotzdem immer wieder eine? Weil der Klemmi schon seit seiner Jugend immer eine Harley bügeln wollte. Das liegt hauptsächlich daran, dass er als Jugendlicher ein mädchenhaftes Solex-Mofa fahren musste, während seine ganzen Kumpels mit ihren Kreidler Mustangs ihm die scharfen Schnitten weggeschnappt haben. Damals hat er sich geschworen, irgendwann würde er sie noch mal alle nass machen mit einer Harley. Nun ist er 45 und kann sich seinen überteuerten Chromsessel endlich leisten, bloß: Die Schnitten von damals fahren jetzt viel lieber im Opel Vectra. Schöner Mist.

Noch 'ne Schrankwand
HONDA GL 1800 GOLD WING

Was man einen Gold-Wing-Besitzer niemals fragen darf: Geht dein Ständer auch elektrisch oder kriegst du noch alleine einen hoch? Neben dem obligaten Rückwärtsgang hat die neue Gold Wing jetzt auch erstmals fünf Vorwärtsgänge. Um die Graubärte am Lenker aber nicht gleich in den Herzinfarkt zu treiben, müssen sie den Gasgriff nicht selber festhalten – dafür gibts den Tempomat. So hockt denn Old Silberrücken mit Muttern in den mit Leder ausgeschlagenen Arschmulden und schaukelt seine Kirmeskiste durch die Pampa. Damit er nicht am Steuer einpennt, hat er die Beschallunganlage mit ekelerregendster Countrymusik beschickt. Und während Papa vorne den grinsenden Binnenschiffer gibt, macht der Eherochen hinten in der Bordküche eine Tütensuppe warm.

Nach zehn Kilometern Extrembiking sind sie endlich am Ziel: der Parkplatz vor einem Supermarkt im Gewerbegebiet. Hier treffen sich jeden Sonntag die Gold-Wing-Besitzer, um den Wendekreis ihrer Schießbude mal voll auszufahren. Vattern und der Rochen sind auch eingetrudelt. Graufresse betätigt das computergesteuerte Ausschaltprogramm der 1800er und die Graugans klappt schon mal das 500 Liter große Topcase auf, um die Schlappen rauszuholen. Jetzt fühlen sich alle wohl, besonders die Gold Wings, denn sie sind eigens zum Parken konstruiert worden. Dreifach abgekalbte Mütter um die sechzig und schmerpansige Winzlinge unter eins siebzig zeigen jetzt ihre Motorradkluft herum: Jeansjacken mit Fransen und darunter selbst bedruckte T-Shirts mit Aufschriften wie „Born to be old" oder „Seniorenresidenz Angels". Nach einer Stunde ist der Spuk vorüber und der ganze Jahrmarkt rollt zurück auf die Straße, um auszuprobieren, welches Geheimnis sich jenseits des zweiten Ganges verbirgt. Passend zur Lindenstraße sind alle wieder zu Hause, holen die Schlappen aus dem Topcase und freuen sich, was für wilde Outlaws sie doch alle sind.

Die mit der Deckelprägung
JOGHURTBECHER

Hauptsache schnell, Hauptsache viel buntes Plastik. Danach sucht er sich seinen Ofen aus. Von der Landschaft um ihn herum bekommt er nichts mit, weil er beim Fahren bloß auf seinen Drehzahlmesser glotzt. Trotzdem regt er sich auf, wenn ein paar Bergstraßen gesperrt sind, wo solche wie er sich gerne mal totfahren. Ordentlich den Kadaver durch die Serpentinen schleudern macht ihm aber erst richtig Freude, wenn er seine Tussi schon vorher mit der Videokamera in der schärfsten Kurve abgesetzt hat und die dann abfilmt, wie die Plaste auf dem Asphalt wegschmort. Oben auf dem Pass stehen sie dann und die Angstpisse läuft unten aus dem lila Kombi raus. Alle sitzen auf den Plastikschüsseln und die andern Motorradhengste sagen: Guck mal, oben auf dem Berg ist wieder Tupperparty.

Den richtigen Joghurtbecherfahrer erkennt man daran, dass man nicht weiß, wo fängt der Hobel an und wo hört der Fritze auf. Er klemmt dermaßen passgenau auf der grellen Feile, dass ein Ei links und das andere rechts vom Tank hängt. Und damit er bei 250 auf der Bahn nicht vom Geschoss gepustet wird, klebt

er sich voll rein in das Teil: vorne ein Stummellenker so breit wie der Augenabstand und hinten eine Höckersitzbank mit Zapfen im Arsch, dass er nicht seitlich runtersegelt. Außer um sich von ihr filmen zu lassen, nimmt er nie eine Torte mit auf Tour, weil seine Sitzbank meist keine Tortenmulde hat und die Alte die ganze Kurvenlage durcheinander bringt.
Am Wochenende brüllt er am liebsten 800 Kilometer über die Autobahn, trinkt an der Raststätte eine Tasse Kaffee und fährt wieder nach Hause. Alles an ihm ist mördermäßig modern, sogar seine Unterhose kommt aus der Weltraumforschung, und vorne drin trägt er Schwanzprotektoren aus Kevlar.
In einem Land ohne Ampeln würde er verrückt werden, weil er da die grelle Eierfeile nicht alle zweihundert Meter so hochreißen könnte, dass die Arme fünf Zentimeter länger werden.

Rostige Mumien
KLASSIKER

Wenn du den aktuellen Katalog der lieferbaren Motorräder durchblätterst, denkst du ja, du stehst im Pupsi-Markt vorm Tütensuppenregal: Nur wenn man ganz genau hinguckt, kann man das Motorrad noch durchkennen. Die einen kaufen sich trotzdem so eine modernistische Feile und decken abends auf dem Bürgersteig eine Plane drüber, damit da keine kleinen Kinder Dreck dranschmeißen vor Ekel; die andern besorgen sich auf dem Teilemarkt einen Eimer rostige Schrauben und eine fotokopierte Reparaturanleitung und glauben, sie hätten einen so genannten Klassiker gekauft. Da hängen sie dann in ihrer Garage, würgen mit Drehmomentschlüsseln an abgegnabbelten Muttern rum und sprühen sich Caramba in die Kimme, wenn sie nach zwölf Stunden Maloche nicht mehr aus der Hüfte kommen.
An jedem Wochenende fahren sie zum Teilemarkt hin und kaufen sich für ein Schweinegeld so genannte Originalteile aus Taiwan. Hundert Kracher für die Gummidichtung mit dem Reichsadler drauf, scheißegal, und da hinten ist noch ein Originalspeichennippel aus dem Dreißigjährigen Krieg. Zack, geht der Fünfi übern Tisch.
So ca. drei bis vier Jahre friemelt der Fertige in der Garage an seiner Ötzi-Feile, bis sie so aussieht wie aus dem Laden. Dann stellt er die 125er DKW oder NSU Max zwischen seine Stiefmütterchen in den Garten und macht 600 Fotos von dem Teil; die lässt er sich alle bei Rossmann in der Posteraktionswoche für 49 Cent auf DIN A4 aufblasen und hängt sich damit seine Bude voll. Spä-

testens jetzt reicht die Alte vom Rostschrauber die Scheidung ein, ist ihm aber egal: Er hat ja die Chromtussi in der Garage. Nach drei Wochen wirds ihm zu langweilig, ewig auf die unscharfen Fotos seiner DKW zu glotzen, dann fängt der Krieg gegen die Rostmilben von vorne an.

Nun aber was noch Schwereres: Auf der Veterama zieht er sich eine Originalzementplatte aus den 40er-Jahren mit dem Ölfleck von einer 850er Zündapp drauf – für schlappe 6000 Euro. In zehn Jahren wird er aus den zwei Kubikmillimetern Viertaktsperma die komplette Maschine restauriert haben. Nur bei dem Gedanken, wie viele Stunden er dabei in der muffigen Garage auf den Knien rutschen kann, drückt sich ihm die Prostata leicht zusammen. Der echte Klassiker-Fan ist noch nie Motorrad gefahren. Darum gehts ihm auch gar nicht. Er kämpft mit allen Mitteln gegen die Vergänglichkeit. Wenn er irgendwo einen Haufen Pudelkacke sieht, restauriert er daraus in zwei Jahren wieder eine Dose Chappi.

Ganz weit unten
MOFAS

Entweder haben sie ihm gerade zum dritten Mal den Lappen weggenommen oder er ist zu knickrig zum Führerscheinmachen. Meist fährt er mit seiner untermotorisierten Versagermühle zum Supermarkt und packt sich den wackligen Anhänger mit Kartoffelchips und Billigbier aus Einwegpullen voll. Am Wochenende, wenn er grad mal nicht Kartoffelchips frisst, sägt er bei seinem Mofa den Krümmer ab, damit ihn die Mountainbike-Fahrer nicht dauernd versägen. Am härtesten sind die Mofa-Idioten, die ihren gammeligen Schrotthaufen mit tausend Rückspiegeln und Plastikfummel dermaßen aufmotzen, dass sie bei Gegen-

wind nicht mehr von der Stelle kommen. Der größte Schlag in die Fresse des Mofafahrers war die Helmpflicht für die Schülergurke. Von wegen nun sieht er aus wie ein richtiger Motorradfahrer, Scheiße, er sieht aus wie jemand, der beim Scheißen einen Integralhelm trägt. Du musst dir mal angucken, wie die Knalltüten krumm auf ihren Gurken sitzen: als ob sie während der Fahrt den Kötel aus der Rosette drücken. Und bei alledem einen Helm auf dem Kopf für den Fall, dass Scheißeschrapnells durch die Luft fliegen – echt krank.
Ist klar, dass diese Fertigen nicht mehr viel vom Leben erwarten. Einen Traum aber haben sie noch: einmal mit dem Mofa auf die Autobahn und Hauptdarsteller in einem Verkehrshinweis werden.

Halber Kram
MOTORROLLER

Als die Amis Deutschland und Italien nach dem Krieg verboten haben, weiter Flugzeuge zu bauen, mit denen die ihre Städte kaputtschmeißen könnten, haben sie bei Piaggo und Heinkel dämlich aus der Wäsche geguckt. Aber nicht lange. Die Italiener haben den Piloteneierkratzmotor ihre Stukas genommen und die Vespa drum herum konstruiert. Ernst Heinkel hat die abgestürzten Reste seiner HE 262 aufgesammelt und fertig war der Heinkel Tourist. Beides die berühmtesten Roller aller Zeiten. Aber beide auch so unterschiedlich wie Spaghetti- und Kartoffelfresser.
Bei der Vespa haben sie lange überlegt: Wie kann man den Motor so ungünstig anbringen, dass sich möglichst viele auf die Fresse legen und sich gleich wieder eine neue Vespa ziehen? Durch konzentriertes Nachdenken sind sie auf hinten rechts gekommen. Hätten sie den Motor an eine drei Meter lange Stange über dem Rücksitz geschraubt, wäre die Straßenlage auch nicht wesentlich schlechter gewesen. Sitzt hinten eine Italo-Tussi im Damensitz auf der Affenschaukel, lacht die Schürfwunde noch früher.
Der typische Heinkel-Unfall sieht anders aus: Du brüllst mit dem untermotorisierten Bomber durch eine Kurve. Vorher ist da ein Bauer mit frischer Kuh-

scheiße an Bord langgeschiggert. Der Sturzkampfroller gerät ins Schleudern, im Reflex streckst du die Stelzen nach draußen, die HE 175 legt sich quer und weg ist der Fuß, von der Guss-Alutragfläche des Bombers über dem Knöchel sauber abgeflext.

Weil das dauernd passierte, gabs den Heinkel Tourist schlauerweise bloß mit 4-Gang-Handschaltung, damit auch der Fußamputierte noch was zum Orgeln hatte.

Von den alten Rollern fahren ab und zu noch die dreischläfrige Lambretta und Zündapp Bella. Richtig genutzt wurden die Teile früher hauptsächlich als fahrbare Anmontierfläche für Rückspiegel. Heute werden sie als Plastikeimer mit Kullerrädern verhökert und sollen verhindern, dass der City-Knallkopf sich einen Ölfleck in die C&A-Hose schmiert.

Nun geht den Rollerfritzen ihr Weichei-Image allmählich auf den Zeiger und sie rüsten die rasenden Badezimmerhocker mit Stollenreifen nach und bügeln damit durch die Scheiße um die Wette. Was für ein Quatsch. Warum kaufen sie sich da nicht gleich einen anständigen Hobel? Beides geht eben nicht: knallharter Rochen sein und eine saubere Hose behalten.

Für ganz arme Willis
MZ

Gekauft hat er sich die Zonenfeile meist schon vor zig Jahren, als es die Sachsen-Harley noch bei Neckermann im Grabbelständer gab. Ihm ist scheißegal, dass der Zweitakthobel hässlich ist wie die Nacht und der Tank obendrauf sitzt wie ein fettes Krebsgeschwür. Ist ihm deshalb egal, weil er selber hässlich ist wie ein toter Iltis vorm Schminken. An den Füßen meist Gummistiefel, dann eine gelbe Gummihose aus dem Straßenbau – es könnte ja mal regnen. Und obenrum einen Parka aus der Kaufhalle. Den Helm hat er gebraucht von einem Kumpel gekriegt, der damit schon dreimal über die Leitplanke gesegelt ist und dem er nun doch nicht mehr sicher genug ist. So bügelt er auf Honneckers Kettensäge Sonnabend in die Disco oder stinkt damit vor der Eisdie-

le rum und wundert sich, dass ihn die Tussis nicht mal mit dem Arsch angucken.
Seitdem die Zone zu Deutschland gehört, haben auch die Zweitaktschnitzer aus Zschopau neue Kisten zusammengenietet. Die haben einen englischen Namen und einen österreichischen Motor und sehen aus, als ob ein Koreaner in der Designabteilung Amok gelaufen wäre. Wenn der alte DKW noch miterlebt hätte, wie in seiner Firma neuerdings sogar Yamaha-Treibsätze unter die Zonenfeile geballert werden, der hätte sich mit einer Überdosis 1 zu 50 ins Jenseits gepustet.

Pest der Innenstädte
TRIKES

Du sitzt meinetwegen irgendwo in einer Eisdiele und schlabberst den Hawaiibecher in die Runkel. Plötzlich ein Höllenlärm wie ein gefolterter Käfer-Motor. Was dann aber auftaucht, ist kein vermöbelter VW, sondern ein Teil, das aussieht wie ein fisseliger Schwanz mit fetten drehenden Eiern. Vorne auf dem Schwanz sitzt breitbeinig ein Fertigprodukt aus dem Sonnenstudio und hinten zwischen den rotierenden Gummitestikeln prangen zwei kreischende Shampooverkäuferinnen. So jagen die frisierten Pestbraken dauernd im Kreis herum durch die City, bis auch der Letzte kapiert hat: Guck mal, hier fährt ein Arschloch!
Komplett daneben sind die rasenden Gemächte ja schon deshalb, weil du für diesen Chrom-Wolpertinger aus Choppergabel und Boxer-Arsch nicht mal Führerschein Klasse eins brauchst. So kann jeder Büroschleimer am Wochenende mal seinen aufgemotzten Honda Diktator in der Garage stehen lassen und sich den krakeelenden Ersatzlümmel beim Trike-Verleiher ziehen. Das Einzige, was

du gegen diese dummen Säcke machen kannst, ist, sie immer, wenn sie irgendwo auftauchen, sofort mit Scheiße zu beschmeißen. Die dicken Kluten mit Hühnerkacke voll in die gebräunten Fressen, bis auch den gefärbten Trullas auf dem Rücksitz der Kloakensaft aus der toupierten Matte sabbert. Nur die kriegen keine Scheiße an den Kopf, die freiwillig einen Anhänger hinter sich herziehen, auf dem steht: „Ich bin ein Arschloch“, oder die nachweisen können, dass ihr Intelligenzquotient nicht höher ist als die jeweilige Außentemperatur.

V2 für Ground Zero
SUZUKI HAYABUSA

Sie fährt über 300 km pro Stunde und das ist deshalb ganz toll, weil sie schnell wieder weg ist und man sie sich nicht so lange angucken muss. Nachdem BMW den Titel des weltweit hässlichsten Motorrades für die R1100 GS an sich gerissen hatte, dachten sich die Ästhetikverbrecher von Suzuki, haha, das können wir aber besser und erschufen mit der Hayabusa die neue Liga der rasenden Kotztüten.

Auf zweierlei Weise gelangt man hier in den Genuss des befreienden Würfelhustens: Erstens, wenn man sie von außen anguckt und zweitens, wenn man mit ihr die Höchstgeschwindigkeit auf der Autobahn austestet. Wer nicht über den Greifreflex eines fickenden Gorillamännchens verfügt, wird schon bei der Beschleunigung von der gelben Gurke gefegt. Letztlich muss man Suzuki aber doch vorwerfen, dass die Hayabusa einfach zu lahmarschig ist. Wenn demnächst Ferdinand Piëch einen Bugatti mit 400 Klamotten Spitze auf die Piste scheucht, dann hechelt die lahme Ente aus Fernost hinterher. Schon heute kann man Pech haben und auf der A7 Hannover Richtung Süden überholt einen der ICE mit 320 Spitze. Da kann man froh sein, dass die Kotztüte wenigstens richtig scheiße aussieht und die Suzuki-Ingenieure sich nicht allein auf die Geschwindigkeit verlassen haben.

Mike: Die Harley

„Hey, Mike, ein super Teil. Gigantisch, Mike!" So ging das die ganze Woche. Du konntest dich echt nirgends mehr blicken lassen. Is klar.
Sie is letzte Woche gekommen. Türkis. Weiß abgesetzte Flanken am Tank und den Blechen. Alles verchromt. 28-Tausend Äppel. Okay. Ziemlich crazy. Aber ich hab mir gesagt: Mike, du bist jetzt 40, du hast alles erreicht, was ein Mann nur erreichen kann, die Agentur läuft super. Schluss mit der Schufterei, entweder du machst jetzt einen auf Daddy oder du willst es noch mal wissen. Logisch, was ich gemacht hab: Ich bin zum Harley-Händler gestiefelt und hab gesagt: „Greif ins Regal, Mann, schraub mir die geilste Harley der Stadt zusammen – Geld spielt keine Rolle."
Das Tierchen hat wirklich alles: Fishtail-Sidepipes, Edelstahl und zusätzlich verchromt, einen echten Broncosattel aus Büffelleder, Gepäcktaschen aus Wapitileder mit Navajo-Einlegearbeiten, einfach megageil. Du glaubst es nich. Wo du langfährst, Mann, nur die langen Augen. Und die Tussis. Reißen die Beine auseinander, sobald sie den irren Sound hören. Gut dass keine Sitzbank auf dem Geschoss is, Mann, du würdest die geilen Tussis echt nich mehr los!
Abends dreh ich meist noch 'ne Runde. Beim Italiener vorbei, dem Ballou, kurzer Schwenk zu Charly und dann auf einen Drink noch eben ins Alessi – alles nur Läden, wo du durch die Scheibe das Tierchen sehen kannst. Denn das is klar, Mann, wenn die einer anpackt, den bring ich um.

Wenn du keine Harley hast, dann geht das Leben echt an dir vorbei. Harley-Fahren is besser als Sex. Das Tierchen hält danach die Schnauze, wenn du verstehst, was ich meine.

Die Experten

Ey, Alter, alles Safe? Machst du denn hier?

Langer, ey! Lebst du au noch, ey?

Is das die neue YZF 750 R?

Und ob das die neue YZF 750 R is, der Hammer.

Und warum dann nich gleich die ZX-9R von Kawa oder die Susi GSX R 750?

Weil die dagegen einfach nur Scheiße sind, deshalb. Guck dir mal die Pötte an.

Ey, Alter Verwalter, ey: die ham die Pötte 5 Grad hochgezogen, ey, Mord, ey.

Einlass 23 un Auslass 24,5 is geblieben, bloß die 38er Fallstrom machen nich mehr die Suppe warm, ne.

Die VFR von Honda is dagegen was für Pastorentöchter.

Guck dir allein die Deltabox-Schwinge an, der Mörderhammer, ey.

Und ob! Un die Sechskolbenzange vorne, Satan, ne, da muss 'ne alte Frau lange für stricken.

In 3 Komma 8 auf 100, 228 Spitze. Besser als aufer Mutter sitzen, Kollege.

Das sowieso. Ey, die neue YZF 750 R. Four in One, ey. Mann, Alter, was muss man denn dafür legen?

Fast 10 große Zettel.

Is okay, wenn du bedenkst, dass die ZX-9R von Kawa dagegen fast 12 kostet.

Wobei diese hier sogar offene 40er mit Beschleunigerpumpen aufzuweisen hat, ne, das is 'ne andere Welt.

Eben, ich mein, dann lieber gleich die YZF 750 R, ne, is klar, aufgemacht auf 135 PS, das is bei der Maschine ja no problem un ab dafür, un du legst insgesamt bloß 5 Zettel.

Ey, Alter, da haut einer mit deiner YZF 750 ab.

Wieso meine?

Is gar nich deine?

Meine is die da vorne.

Der 125er Jawa-Chopper da?

Un ob das der 125er Jawa-Chopper is.

Mann, ey, Alter, super, für mich immer noch die überzeugendste 125er auf 'm Markt. Dagegen kannste die Hyosung GF doch glatt mit Pudelkacke zuschmeißen.

Allein wegen der serienmäßigen Sissibar.

Echt serienmäßig, Alter? Affentittengeil!

Reisen mit dem Motorrad

Das Bewegen des zweirädrigen Gefährts erfreut in der Regel den autonomen Piloten. Allein mit sich und der Maschine das Geläuf der Mittelgebirge zu räubern, ist eine der schönsten Beschäftigungen, die es gibt im Leben eines Mannes. Stimmt, da gibt es noch eine andere! Und was wäre erquicklicher, als diese beiden miteinander in Einklang zu bringen. Gastautor Dr. Peter Ockenfels, langjähriger Praktiker sowohl auf dem einen wie dem anderen Gebiet, hat diesen Spagat unternommen und uns zwei Beispiele mitgebracht:

RUMKRIEGESTRECKEN

... und wie man sich auf ihnen bewegt

Unter einer Rumkriegestrecke versteht man eine Straße durch landschaftlich derart reizvolles Gelände, dass deren betörende Wirkung dazu geeignet ist, eine sich noch zierende Sozia unter die Lenden des Motorradfahrers zu bekommen.

Wenn dem alternden Gummikuhtreiber langsam die Hormone ausgehen und er sich über das Ensemble Heizgriffe unterm Weihnachtsbaum mehr freut als über einen Sportlenker – obwohl die Karre nur mit Saisonkennzeichen in den lauen Sommermonaten gefahren wird –, dann sind Rumkriegestrecken sicher das Richtige. Denn für diesen betagten Fahrerkreis wird es immer schwieriger, eine willige Sozia auf den hinteren Teil der Sitzbank zu

Das treue Gespann wartet geduldig auf der Passhöhe, während sein Treiber womöglich schon im taufeuchten Moos am Verschluss des Büstenhalters nestelt.

Wenn es kalt und dunkel ist, muss in der Regel komplett auf weibliche Begleitung verzichtet werden.

installieren, zumal auch deren Ansprüche gestiegen sind. Wilde Kurvenhetzerei ist out und die gute alte Nonstop-Fahrt von Hannover an den Comer See oder die Côte d'Azur wird nur noch mit zickigem Gehabe quittiert. Die ersehnte Explosion weiblicher Paarungsriten lässt sich im Kradbereich immer weniger heimisch machen.

Da kommt die Rumkriegestrecke mit ihrer überschaubaren Länge und den sanft geschwungenen Kurven gerade recht. Der kundige Rezipient der Straßenkarte findet sie mit Sicherheit auch in seiner Nähe. Wichtig ist, dabei umsichtig auf passende Unterbringungsmöglichkeiten oder anfahrbare Rammelplätze zu achten. Hat man es dann geschafft, eine charmante Sozia auf dem hinteren Teil des Rennbrötchens oder im Beiwagenboot zu platzieren und weiß nicht so recht, wie man es zum Äußersten kommen lässt, so kann ich folgende Vorgehensweise empfehlen: Man wähle einen lauen Sommerabend und eine nicht gar zu spektakuläre Strecke. Von emsiger Kurvenräuberei während der Fahrt ist abzusehen, denn man will ja nicht die Situation durch ein flaues Gefühl in der Magengegend der Dame zerstören. Nach einer angemessenen Zeit, sagen wir mal einer Stunde bis maximal zwei, lenkt man die Fuhre durch eine leicht hügelige, aussichtsreiche Gegend und bietet der Sozia ausgiebig Gelegenheit, bei gemütlicher Fahrt die Schneidigkeit des Piloten zu erkennen. Nun sollte man in der Vorbereitung bereits eine geeignete Stelle zur lauschigen Zweisamkeit in weichem Gras ausgekundschaftet haben und wissen, wie weit der Motor bei geschlossenem Benzinhahn noch läuft.

Mit einem heimlichen Griff nach unten schließt der gewandte Fahrer dann das Sperrventil unterm Tank und nach einigen Metern kommt alles unter Ruckeln und Stottern zum Stehen – freilich nur dann an der gewünschten Stelle, wenn der Fahrer seine Maschine genau kennt. Ruckeln und Stottern hinterlassen einen gewissen Eindruck, und eine gut gespielte Besorgnis vonseiten des Fahrers tut ihr Übriges, die Sozia von der Dramatik der Lage zu überzeugen. Die letzten Meter werden unter Umständen noch schiebenderweise zurückgelegt, um dann endgültig an der ausgekundschafteten Stelle zum Halten zu kommen.

Nun beginnt der schwierigere Teil der Unternehmung, die eigentliche Herausforderung. Mit gekonntem Griff wird zunächst eine (saubere!) Decke aus dem mitgeschleppten Topcase befördert und an der gewählten Stelle, etwas abseits der Straße, im Gras ausgebreitet. Zu beachten ist naturgemäß, dass diese Stelle von der Straße aus nicht eingesehen werden kann, gleichwohl aber die Maschine im Blickbereich bleibt. Ein eventuell mitgeführtes kleines Gabelfrühstück wird angeboten mit den Worten, man habe eigentlich ein Picknick an einer anderen Stelle vorgehabt, aber nun sei es eben so gekommen ...

Der Fahrer schickt sich nun an, die Maschine wieder zu reparieren, um der ängstlichen Sozia eine angemesse Heimkehr in Aussicht zu stellen. Sinnvollerweise packt man dazu allerhand Werkzeug und eine Reihe von Ersatzteilen aus und versucht allgemein den Eindruck zu erwecken, man sei absolut Herr der Lage.

Ausgerüstet mit all den Blender-Utensilien macht man sich auf den Weg zur Maschine. Sie bleibt beim kleinen Imbiss auf der Decke zurück und kann

Rumkriegestrecke anno dunnemals:
Die Sozias aus den Trümmerfrauengeneration waren es noch gewohnt Staub zu fressen.

Rumkriegestrecke, wie sie im Buche steht:
Dort wo die Maschine durch die Asphaltmäander wedeln kann und am Wegesrand ein kühler Brunnen winkt.

von dort aus das emsige Bemühen genaustens beobachten. Jetzt öffnet man als Erstes unbemerkt den Benzinhahn, denn die Vergaserkammern sind ja restlos leer gefahren und brauchen einige Zeit, um sich wieder zu füllen. Dann schraubt man das eine oder andere Teil an der Maschine ab. Beeindruckend ist es immer, den Lichtmaschinendeckel zu öffnen, denn das dort befindliche elektrische Gewirr flößt gehörig Respekt ein. Auch kann, je nach Maschine, das Öffnen des Ventiltriebes einiges an Erstaunen hervorrufen, insbesondere dann, wenn die Sozia nicht auf der Decke geblieben ist und dem Fahrer bei seinen Bemühungen über die Schulter sehen möchte. Für das Gelingen des eigentlichen Vorhabens aber ist es von großer Bedeutung, sich die Hände nicht fahrlässig zu beschmutzen, denn ölig schwarze Finger haben keinen sehr hohen Zärtlichkeitswert.

Nachdem man also einige Zeit, nicht länger als eine halbe Stunde, an der Maschine gebaut hat, wagt man einen ersten Versuch, den Motor wieder in Gang zu setzen. Wenn er sich mit einem sonoren Motorengeräusch zurückmeldet, ist die meiste Arbeit getan.

Mit lässigem Gang geht es zu der geduldig ausharrenden Sozia auf die Decke und die Bewunderung für den Fahrer sollte nun keine Grenzen kennen.

Aber Obacht! Einen Gaszug einzufädeln kann leichter sein als das Öffnen moderner Funktionsunterwäsche.

IN DIE FERNE SCHWEIFEN

Mit dem Krad nach Elba

Der Monte Perone auf Elba ist eine Reise wert! Leider werden jedoch gerade diese Insel und die Toskana im Allgemeinen gerne von Lehrern, Psychologen und sonstigen überflüssigen Gestalten aus dem Süden der Deutschen Republik heimgesucht. Spätestens zu Beginn der Pfingstferien macht sich die Sharan- und T4-fahrende Pest der südlichen Bundesländer in diese Gegend auf. Besonders widerwärtig sind jene, die ihre Harley auf dem Hänger hinter sich herziehen, um vor Ort dann den Harten raushängen zu lassen.

Es ist also gefährlich dort unten. Zumal wenn man nicht mit den dort zu Tausenden herumlungernden

Lehrern und Psychologen in einen Topf geworfen werden will, die irgendeinen bekloppten Kurs in degenerativer Körperarbeit oder einen Einführungskurs in die Auradiagnostik der eigenen Exkremente machen.

Wir dagegen sind hier, um den besonderen Reiz des Coitus mediterraneus kennen zu lernen. Und das, liebe Kollegen der nervösen Gashand, geht auf Elba ganz vorzüglich.

Die Anreise ist unkompliziert. Genügend Pässe führen über den Alpenhauptkamm und flugs ist man durch die Poebene an den Stränden des Tyrrhenischen Meeres zu Füßen des Schiefen Turms von Pisa. Ein kleines Stück noch gen Süden und der Fährhafen ist erreicht. Es folgt eine kurze Überfahrt und der Asphalt der Insel schmiegt sich an die neuen Conti-Reifen.

Der Monte Perone liegt im westlichen Teil der Insel. Wir fahren, die umtriebige Hafenstadt Portoferraio hinter uns lassend, auf der Hauptstraße nach Westen Richtung Marciana Marina. Eine erste kleine Erhebung mit leicht geschwungenen Kurven gibt uns einen Vorgeschmack auf die noch kommenden Freuden.

Die Contis können zeigen, was sie drauf haben. Schade nur, dass einen hier jede heiß gemachte Vespa alt aussehen lässt. Auch fährt der einheimische Gigolo natürlich nicht mit Helm, sondern nur mit Sonnenbrille, und es kann schon mal vorkommen, dass der schwarzlockige Pizzabäcker längst die Schenkel der blonden Frau an seinen Lenden spürt, während der angereiste Gummikuhtreiber im Gepäcksystem seines 1200-LT-Super-Tourers noch die neuesten GPS-Daten ins Bordnetz downloaded. Wir sollten also auf der Hut sein!

Ist die Sozia noch da, dann geschwind hinauf zum Monte Perone, um der Holden auf dem Rücksitz die Vorzüge des neuen Airflow-Einsatzes im Schritt der Kombi zu demonstrieren – da bleiben die Nüsse schön kühl.

Wir nehmen die Ostflanke des Massivs. In manchen Abschnitten leicht geschwungen, an anderen Stellen steil und kehrenreich klettert die schnurrende Motorkatze hinauf und das verspielte Treiben in den Kurven beginnt. Man kann sicher sein, spätestens jetzt auch die Kurven der Sozia im Rücken zu spüren – vorausgesetzt wir haben vorher den Rückenprotektor aus der Kombi genommen. In den Kurven haben wir mit zunehmender Höhe einen grandiosen Ausblick über die Insel. Die Straße ist schmal mit überhängenden Kehren. Das macht es Motorradungetümen mit zu langem Radstand schwer, die Kurven in schneidiger Schräglage zu fahren. Aber unser Ansinnen ist ja ein anderes.

Nach etwa vier Kilometern ist die Scheitelhöhe erreicht. Die vor uns liegende Strecke hält das Höhenniveau und ist ohne größere fahrerische Herausforderungen. Wir können uns also voll und ganz auf das Auskundschaften eines geeigneten Rammelplatzes konzentrieren. Der Waldboden ist hier von weichem Gras überzogen und bietet genügend versteckte Plätze, die einen Blick übers Meer erlauben. Also flugs den Benzinhahn zugedreht und die Maschine ausrollen lassen. Der steile Aufstieg liefert genügend Erklärungen. Man faselt etwas von Überhitzung und Vergaserproblemen etc. Was dann geschieht, ist bereits erzählt. Bleibt mir nur noch, auch an ferner Länder Gestade viel Erfolg zu wünschen.

BMW-Werbung aus den Sechzigern: Vorbildlich zusammengefasst, um was es eigentlich geht.

Der kleine Tierfreund

Eine Ausfahrt wird geboren

Wer geriete nicht in Verzückung, wenn das kalte Metall eines Kreidlertankes die Innenseiten der Schenkel liebkost und der berauschende Brodem des Zweitaktgemisches die Nüstern des geilen Piloten erobert. Während seine Tatzen die Lenkergriffe eng umfangen und der rechte Hinterlauf den Bodenkontakt sucht, hat die linke Sandalenpranke des Kreidleristen längst Halt gefunden auf dem Kickstarter des stählernen Ungetüms. Der Benzinhahn, stolzer Gockel am Unterlauf des Reservoirs, hat schon bereitwillig seinen Schlund geöffnet, um das mörderische Aggregat mit gierigem Zweitaktlikör zu versorgen. Nun spannt sich die linke Wade des Piloten und mit unbestechlicher Grausamkeit wird der Kickstarter zu Boden getreten. Doch der renitente Bursch hat noch nicht genug, bettelt nach fortgesetzter Züchtigung. Die soll er haben: Zwei-, drei-, viermal noch wird nach ihm getreten, bis endlich die Kornwestheimer Wölfin heisern durch den jungen Morgen belfert.

Nach wenigen tausend Schlägen hat das leichtmetallene Herz des geräderten Weibchens die gespannte Ruhe einer Löwin kurz vor dem Angriff erlangt. Ihre Beute ist die Teerstraße, die sich nun in jungfräulicher Unberührtheit bis weit hinter den Horizont erstreckt. Die mächtigen Pallasvergaser verrichten kommentarlos und zuverlässig ihre Arbeit. Der Kraftfluss von der Kurbelwelle wird von einem treuen Zahnradpärchen auf das Ziehkeilgetriebe übertragen. Und auf der Getriebeeingangswelle suhlt sich die Mehrscheibenkupplung im triefenden Ölbad. Alles ist bereit: In die Rollenkette des Sekundärtriebes schießt plötzlich eine Urgewalt, als der Pilot den ersten Gang einlegt. Die Löwin setzt zum Sprung an. Das Kriegsgeschrei der zweifarbigen Katze lässt die Tiere des Waldes erschaudern. Laut brüllend macht sich das mächtige Tier über die schweigende Teerstraße her. Und auf ihr reitet der glücklichste Mensch der Welt neuen Zielen entgegen, die noch nie von der Sandale des weißen Mannes betreten wurden.

Mike: Urlaub in Amerika

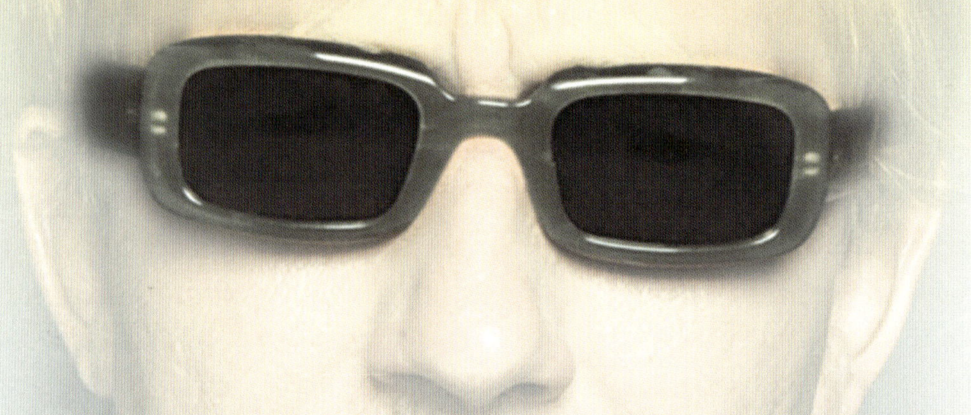

Okay! Wenn im Frühling der Krokus, das perverse kleine Schwein, seinen bunten Schwanz ausfährt, dann überlegt sich auch der gute alte Mike, wo er die schönsten Wochen des Jahres verbringt. Charlie aus dem Taboo fährt zum Freeclimbing nach Rio, da machen sies noch ohne Gummi. Herpes Schweinebacke ist über die Feiertage zum Bürsten in Ungarn. Schätze, ich drive dieses Jahr mal wieder mit dem guten alten Big Twin über die lonesome roads of America und schau mir dort die Stätten der Antike an: das Capitol in Washington CD und Cäsars Palast in Las Vagees. Überhaupt ein crazy Land für Bildungsreisen, dieses America. König Davids Sohn zum Beispiel hat hier eine Motorradfabrik gegründet, ein anderer alter Israeli, Levi, hat in Amiland die Hose erfunden. Berühmt ist das Kulturland between the oceans auch für seine kulinarischen Spezialitäten: die Streichkäsezubereitung aus Philadelphia oder die großen Hunde aus San Bernardino. Das Beste an America ist aber die ungeheure Weite des Landes: Ich hab vor Jahren mal fünf Tage drüben gelebt, nur um mal richtig ausgiebig zu parken. Amiland ist voll crazy, hier ist alles anders: Das größte Motorrad heißt „Heritage Softail", zu deutsch Erbe der Schlappschwänze. Irre selbstironisch, wie ich finde. Auch die Menschen sind hier different: Die Neger sind keine Asylbewerber wie bei uns, sondern leben hier, obwohl sie wiederum auch keine Eingeborenen sind, das sind die Indianer und die kommen nicht aus Indien, sondern aus den Great Plains. Aber was haben sie die ganze Zeit in diesen Flugzeugen gemacht? America ist immer noch ein großes Mysterium. Einfach crazy!

Technik (kurz gestreift)

Naturgemäß ist die Technik des Krades ein viel zu komplexes Thema, als dass dieses schmale Büchlein ihm auch nur annähernd gerecht werden könnte. Dennoch hat sich Gastautor Dr. Peter Ockenfels, langjähriger Präsident des international operierenden Mechanik e.V., bereit erklärt, hier drei technische Fragen zu beantworten – stellvertretend für die vielen, die am Wegesrand des Öfteren von neugierigen Laien gestellt werden.

...so schön kanns sein wenn die Karre in Ordnung ist ...

Was macht eigentlich der SCHALTAUTOMAT?

Er ist ein Ding, dem so mancher Fahrer nur wenig Aufmerksamkeit zukommen lässt. Denn man kann dummerweise gar nichts an ihm tunen oder lackieren, und verchromen kann man ihn schon gar nicht. Eher zugänglich ist da der verlängerte Arm des Schaltautomaten, das Schaltgestänge. Das kann man prima verlängern und nach hinten verlegen, damit auch grobschlächtige Fahrer in eine Mike-Hailwood-ähnliche Fahrerhaltung kommen können. Nutzt aber nix! Zwei Zentner in einem Airflow-Anzug sind und bleiben nun mal zwei Zentner. Ob sie nun nach hinten verlegt sind oder nicht. Denn das A und O ist die Stirnfläche. Und da haben zwei Zentner nun mal schlechtere Karten als ein Zentner.

Aber zurück zum Schaltautomat. Seine Aufgabe ist es, den Schalthebel immer wieder in die gleiche Ausgangsposition zu shiften, gleichgültig welcher Gang eingelegt ist. Notwendig wurde der Automat, als man von der Kulissenschaltung am Tank zu einem fußgeschalteten Getriebe überging, damals in den 20er-Jahren. Eine weitere Aufgabe ist es, das Durchschalten zu verhindern. Er macht es also unmöglich, vom fünften direkt in den ersten Gang zu schalten. Da hat das Krad der Frau also einiges voraus. Die würde sich wohl auch so eine Sperre wünschen, wenn der Bär mal wieder zum Rendezvous erscheint und einfach nur über die Braut bügeln will. Da wäre so eine Durchstecksperre ganz hilfreich. Aber das nur am Rande ... Erfunden wurde der Schaltautomat 1927 in der Rennabteilung von Velocette in Großbritannien. Schauen wir uns die Bilder an, dann erkennen wir die Funktionsweise:

Bild 1 zeigt die Grundform: Zwei Schnäpper, durch eine Feder zusammengehalten, greifen abwechselnd in die Verzahnung ein, mit der die Schaltwalze oder die Kurvenscheibe bewegt wird. Wichtig ist nur, dass der rückseitige Schnäpper beim Zurückdrehen der Schaltwelle in Nullstellung nicht auch die Verzahnung mitnimmt. Dazu ist ein spezielles Abweisestück angebracht.

In **Bild 2** und **3** sieht man, wie die Gangrastung durch Kerben in der Schaltwalze oder Kurvenscheibe vorgenommen wird. Aber bei dieser hier abgebildeten Ausführung hat man ein besonderes Kurvenstück mit Kerben angebracht, in das von innen der im Bild mit einem Pfeil bezeichnete Raststift eingreift. Bei den Gummikühen mit der amtlichen Ventilanzahl sieht das Ganze aus wie auf **Bild 4**. Da sind Schaltautomat und Kurvenscheibe dicht beisammen. Dort ersetzt ein Klinkenträger die sonst üblichen zwei Schnäpper. Es wird also nicht ein Schnäpperpaar durch Federzug zusammengehalten, sondern ein Klinkenpaar in seiner Lagerung verdreht. Geht aber auch.

Mal wieder ganz einfach hat es sich der gelbe Mann gemacht. Wie, ist in der **Abbildung 5** zu sehen: Die arbeiten nicht mehr mit Schnäppern, sondern haben auf der Schaltwalze einfach fünf Stifte angebracht. Bewegt sich der Hebel in Richtung der beiden dicken Pfeile, wird jeweils ein Zapfen mitgenommen und die Schaltwalze gedreht.

Jetzt nur noch die Hebelwege begrenzen und durch eine Feder die Nullstellung festlegen, fertig ist der schlitzäugige Schaltautomat.

Wahrscheinlich findet das Ganze so oder ähnlich auch noch als Auswurfmechanismus für DVD-Spieler Verwendung.

Der gelbe Mann ist zwar clever, verträgt aber dafür nix und kann mit seinem Surimi-Stäbchen zwischen den Beinen auch nicht viel ausrichten.

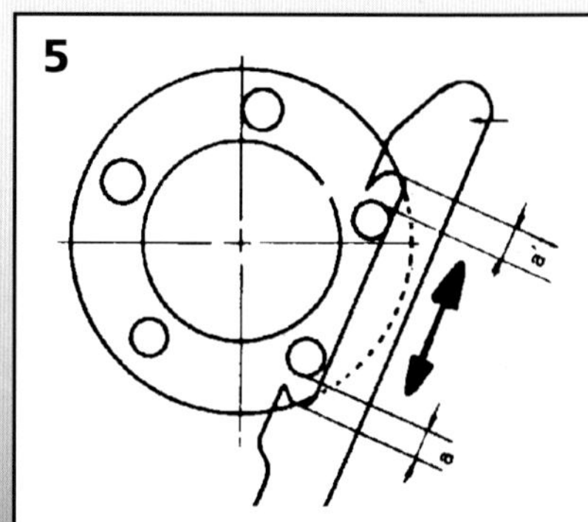

Wie funktioniert die DESMO-DROMISCHE VENTILSTEUERUNG?

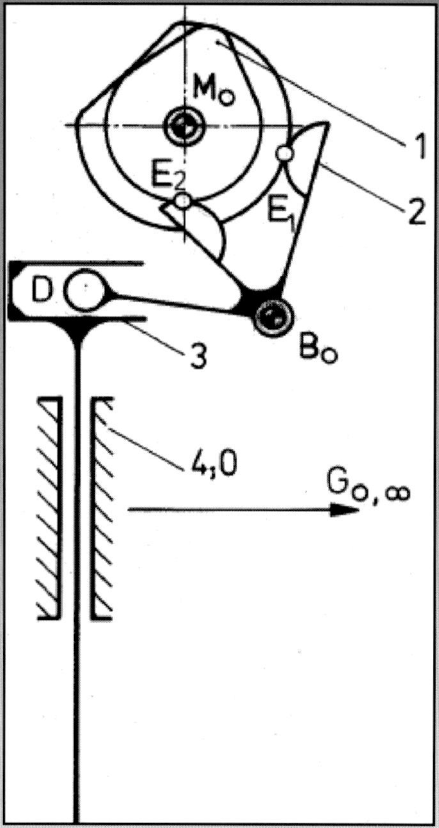

Die desmodromische Ventilsteuerung ist nichts anderes als das Öffnen und Schließen der Ventile eines Viertaktmotors durch eine Nockenwelle und Hebel, wobei Öffnen und Schließen des Ventils jeweils zwangsweise erfolgen und nicht wie sonst üblich teilweise durch Federdruck.

Der Name leitet sich aus dem Griechischen desmos = Bindung und dromos = Lauf ab. Ausgerechnet von den Griechen! Deren Beitrag zur Motorradkultur entspricht ihren Verdiensten für die internationale Küche: null Komma null.

In den 70ern haben Dimitri und seine Kumpels wenigstens noch im großen Stil alte Nachkriegs-BMWs und Seitenwagen LkW-weise verhökert und sich vom Reingewinn eine Gyrosmaschine gekauft, um damit die alten Dorfkneipen zu verschandeln. Ich frag mich, was als Nächstes kommt. Aber darum gehts jetzt nicht.

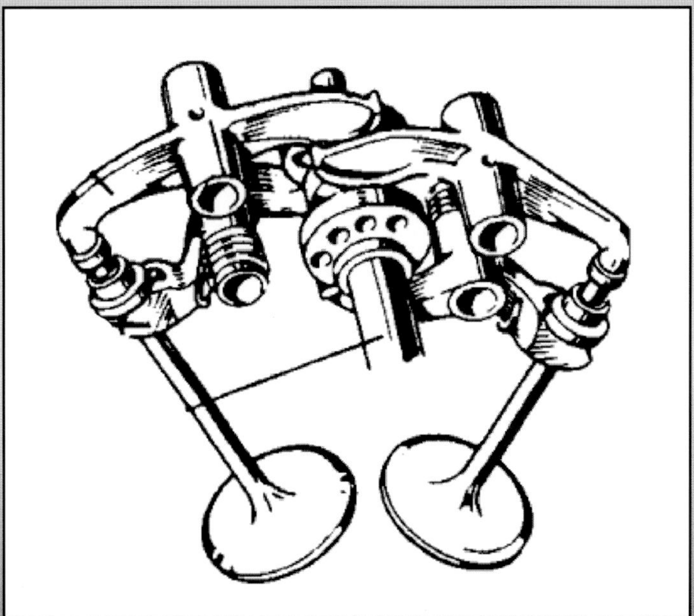

Mit der desmodromischen Ventilsteuerung lassen sich die Nachteile der unpräzisen Steuerung durch Ventilfedern verhindern, ein Vorteil, der besonders bei großen Ventilen und hohen Drehzahlen zum Tragen kommt. Aber auch im niedrigen bis mittleren Drehzahlbereich gibt es Vorteile, da die Ventile durch die Zwangssteuerung auch nach langen Öffnungszeiten schnell, sanft und präzise wieder geschlossen werden. Somit sind keine langen Steuerzeiten nötig, da eben die Ventile sofort auf die Nockenwelle reagieren und es deshalb keine drehzahlabhängigen dynamischen Feder-Massen-Vorgänge gibt. So wurde denn auch die Desmodromik ursprünglich für Autorennmotoren entwickelt. Von Norton gab es frühe Versuche mit Motorradmotoren, doch nur Ducati verbaut diese Technik heute noch in ihren Motoren.

Im Prinzip ist es ein dreigliedriges ebenes Kurvengetriebe. Nix anderes. Die mechanischen Grundlagen sind einfach. Man schaue sich nur in Ruhe das kinematische Schema an! Wenn einen dann an der Tankstelle mal wieder ein Mütterchen anspricht „Weißt du überhaupt, was eine Desmodromik ist, Freundchen?", ja dann kann man endlich souverän kontern und vielleicht sogar diese kleine Skizze in den Ölfilm am Zylinderfuß scribbeln.

Ist der NACHLAUF das Restbenzin nach dem Schließen des Hahnes?

Nein! Der Nachlauf ist der Wert zwischen der verlängerten Steuerkopfachse und der Senkrechten zur Radmitte, gemessen auf der Radaufstandsfläche. Er ist von entscheidender Bedeutung für Handling und Geradeauslauf der Fuhre. Aber damit befassen sich ja die heutigen Fahrer nicht mehr. Dafür heißen sie „Owner" und machen sich mehr Gedanken um die farblich zur Lackierung passende Unterhose als um die physikalischen Grundwerte des Fahrens. Sie bauen lieber das neueste Navigationssystem hinter ihre bekloppte Scheibe, als sich um die Dinge zu kümmern, die die Karre auf der Straße halten.

Dabei ist es ganz einfach. Wenn man sich den Wirsing noch nicht ganz mit Jim Beam durchlöchert hat, kommt man leicht dahinter. Eigentlich sind das alles bekannte Winkelfunktionen und Winkel kennen wir ja, zumindest von M-Lenkern und Schräglagen – aber M-Lenker kennt ja heute auch keiner mehr. Obwohl sie das Beste sind, was einer Ulrich-BMW passieren kann. Das nur am Rande.

Sehen wir uns die Skizze an, dort wird es dann ganz schnell klar: Der Nachlauf ist n und bildet zusammen mit b, also dem Abstand der Radmitte zum Achsmittelpunkt, die Gegenkathete zum Lenkwinkel a, ist also sozusagen die Körbchengröße und b der Brustumfang. Die Ankathete a ist also der Abstand zwischen Lenkkopf und Radaufstandsfläche, also der Wasserfall. Auf diese Weise lässt sich nun leicht die folgende Formel ableiten:

$$n = (\cot \alpha \times \alpha) - b$$

Also, Freunde, baut die popelige Verkleidung von den Motorhühnern ab und fangt an zu messen! Mit einem Winkelmesser wird zuerst der Lenkkopfwinkel ermittelt (Winkelmesser ans Steuerkopfrohr halten!) und aufgeschrieben. In der Logarithmentafel als Nächstes den Kotangens nachlesen und in die Formel einsetzen. Dann noch die beiden anderen

Werte messen: Ein Lot am unteren Ende des Steuerkopfrohres markiert den Punkt B, das gleiche Lot von der Achse heruntergelassen markiert Punkt A. Der Abstand dazwischen ist b, und a ist der Abstand des unteren Endes des Steuerkopfrohres zu Punkt B. Somit ist alles gemessen. Nun noch ausrechnen. Ein hoher Wert ist gut für den Geradeauslauf, ein niedriger Wert für besseres Handling. Gerade andersrum als bei Titten. So kann man es sich leicht merken.

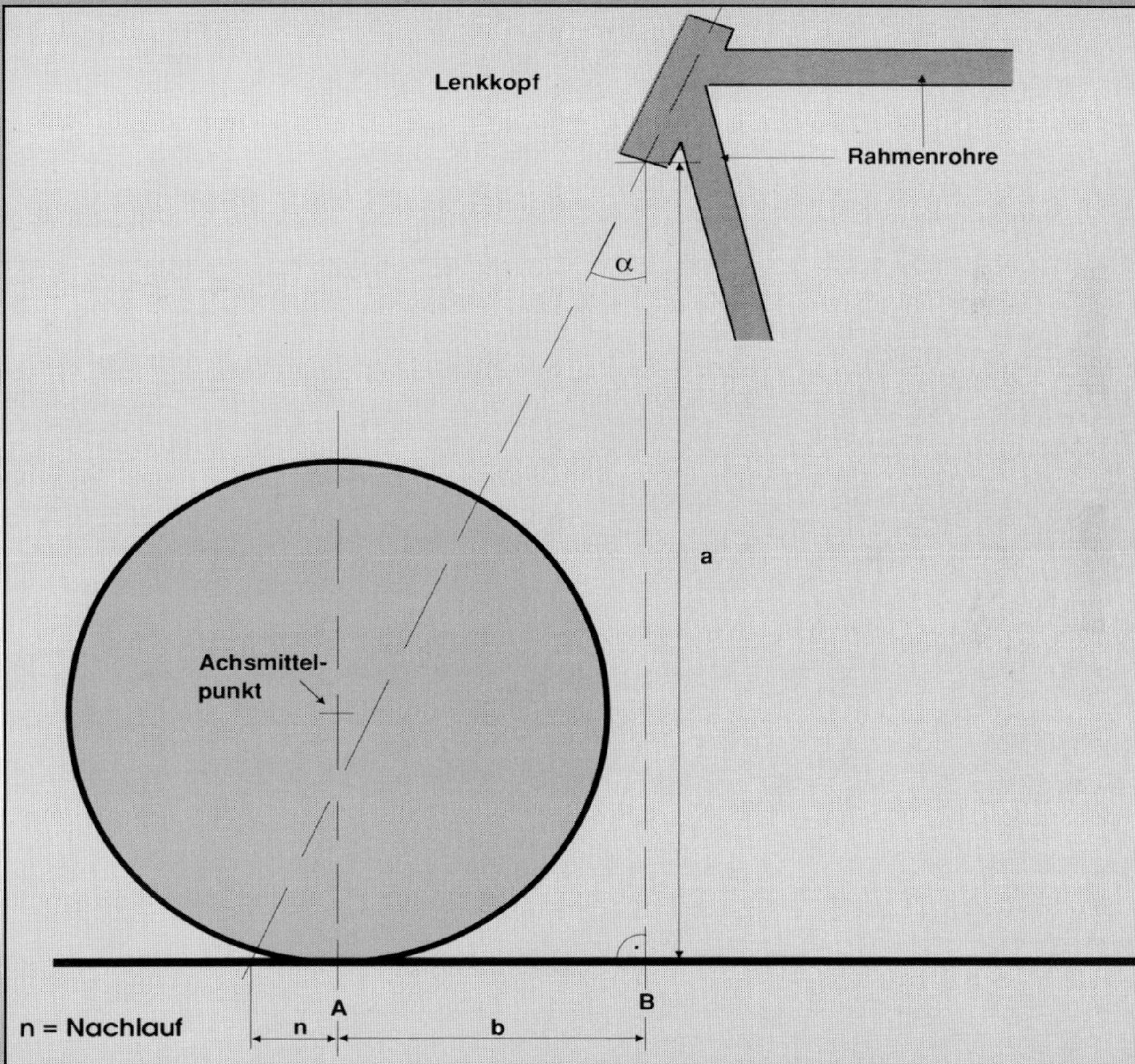

Motorradkatalog

PRODUKTE FÜR BIKER VON HEUTE

Frisurformer

Die Leute gucken blöd, die Freundin lacht einen aus – nur weil man auch in der Wohnung und beim Brötchenkaufen seinen Motorradhelm trägt, damit die Haare immer schön klebrig am Kopf anliegen. Auf den Helm können Sie jetzt verzichten dank unserem FRISURFORMER im klassischen Lederlook. Nie mehr Föhnfrisur! Auch ohne Motorrad ständig das erotische Jucken auf der Kopfhaut! Achtung: den FRISURFORMER nicht als Badekappe verwenden: Das Leder zieht sich beim anschließenden Trocknen zusammen und die Stirnfontanelle platzt wieder auf.

Rückenschild

Statistisch gesehen werden 90% aller Motorradfahrer – wenn überhaupt – von hinten erschossen. Warum sich da also eine teure, kugelsichere Ganzkörperweste kaufen, wenn ein einfacher RÜCKENSCHILD auch genügt. Unser Modell hält der handelsüblichen 9-mm-Munition stand, wie sie normalerweise in den deutschen Innenstädten verwendet wird.

Scheinwerfer für Fußgänger

Ab nächstes Jahr werden sie Pflicht im Straßenverkehr: die SCHEINWERFER FÜR FUSSGÄNGER. Wir bieten Ihnen hier das Standardmodell ohne Abblendlicht (bei Gegenverkehr einfach leicht nach unten gucken).

Rote Rektalleuchten finden Sie weiter hinten im Katalog.

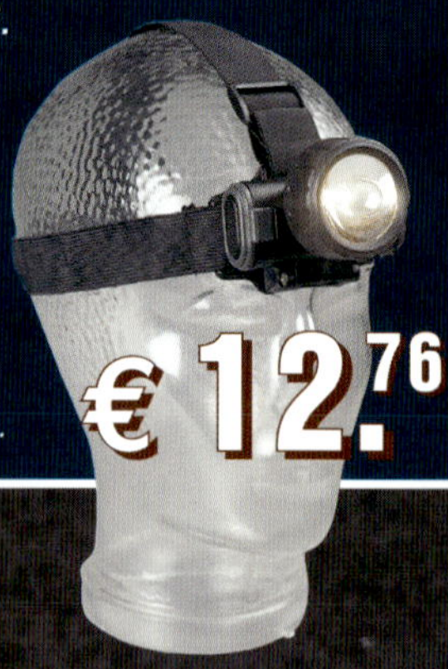

Rundrumscheiße-Aussehgepäckset

€ 193.78

„Irgendwie sieht mein Softchopper noch nicht so verstrahlt aus, wie ich mir das vorstelle!“ Diese düsteren Gedanken bewegen so manchen späten Biker über vierzig. Dagegen haben wir jetzt das RUNDRUMSCHEISSE-AUSSEHGEPÄCKSET im Angebot. Passende Fransenlederjacke und Calimero-Helme gibts weiter vorne im Katalog.

Kollisionspuffer

€ 65.96

Fußgänger überfahren, Scheinwerferglas kaputt! Wer hat diese lästige Erfahrung nicht schon mal gemacht. Mit dem KOLLISIONSPUFFER aus Rindsleder inklusive inneliegendem Shockabsorber verhindern Sie erfolgreich Glasbruch bei kleineren Unfällen mit Personenschaden.

Feuer!

€ 5.09

Eines der interessantesten Outdoor-Accessoires kommt zu Ihnen in die Wohnung. Überraschen Sie Ihre Kumpel mit einer zünftigen Brandstelle auf dem Teppichboden. Wir liefern „FEUER“ in unangezündetem Zustand. Zum Lieferumfang gehört nicht der abgebildete Rost mit Stahltopf.

Pubertätswürger

Der Junior hat seinen Mopedführerschein gemacht und pariert nicht mehr. Ein Problem, das viele Eltern kennen. Mit dem PUBERTÄTSWÜRGER bleibt Ihr Sohn auch in der Disco und unterwegs in Ihrem Einflussbereich. Einfach per Handy die angegebene Codenummer wählen und der Würger lehrt das Früchtchen, wer noch immer das Sagen hat. (Unser Gerät kann wahlweise mit einem geprüften Erstickungsstopp ausgestattet werden.)

€ 20.43

Fingerloser Handschuh

Nie mehr warme Finger! Besitzer von Griffheizungen kennen das Problem im Sommer: Fingerschweiß! Und mit der Zeit grindigen Ausschlag in den Fingerzwischenräumen. Damit man auch in den heißen Monaten seine Griffheizung nicht ausschalten muss, haben wir den FINGERLOSEN HANDSCHUH entwickelt. Die Modelle „Klamme Griffel" und „Blaues Wunder" können für Armprothesenträger auch einzeln bestellt werden.

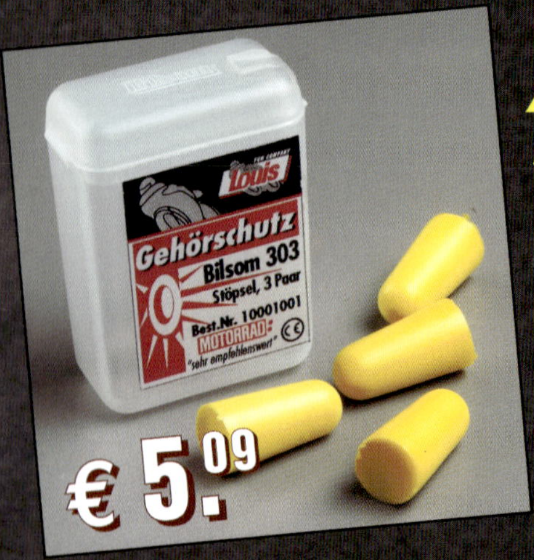

Auspuffkrümmer-reparaturersatzset

Auspuffkrümmer kaputt, die Maschine röhrt, dass man es selber vor Krach nicht mehr aushält – aber kein Geld für die Reparatur. Was tun? Auf die abendlichen Fahrten durch die Siedlung verzichten? Das muss nicht sein. Mit dem AUSPUFFKRÜMMERREPARATURERSATZSET schonen Sie kostengünstig Ihr Gehör und müssen auf nichts verzichten.

Tankvogelschiss-abdeckung

Eine Nacht draußen unter Bäumen geparkt und schon wieder ist der ganze Tank zugeschissen. Das hat ein Ende! Mit unserer TANKVOGELSCHISSABDECKUNG aus reißfestem Cordura-Nylon. Nach dem Zuschiss einfach die Abdeckung abschnallen und in den Müll werfen. Beachten Sie auch unsere Vogelschisskopfschoner auf der nächsten Seite.

Vogelschisskopfschoner …

… in modischen Designs.

je € 69.95

Gegenschweiganlage

Gespräche wie zu Hause! Das ermöglicht unsere ultraleichte GEGENSCHWEIGANLAGE für Bikerpärchen. Die Lautsprecher sind im Helm des Mannes untergebracht, das Mikrofon im Helm der Frau.

€ 149.00

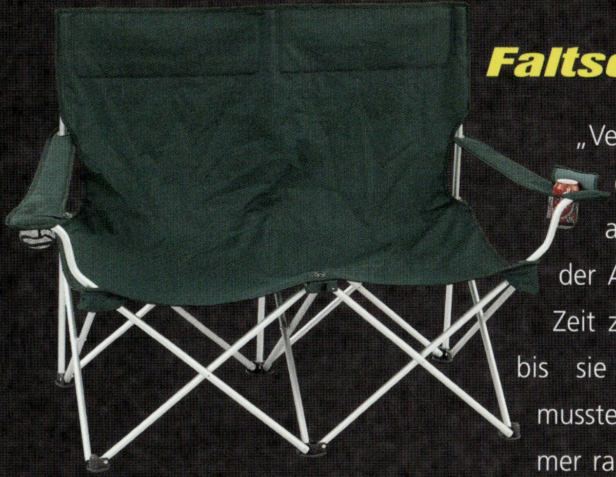

Faltsofa

„Verdammter Mist, die Harley ist ausgegangen an der Ampel." Um die Zeit zu überbrücken, bis sie wieder läuft, musste man bisher immer rauchend im Graben liegen. Mit unserem FALTSOFA können Sie gemütlich bei einer Dose Jim Beam/Cola am Wegesrand warten, bis der ADAC kommt und den Eisenhaufen wieder antritt.

€ 51.10

Dank an ...

*Der erste und besondere Dank gilt natürlich den **Bayerischen Motoren Werken,** die der Welt die R90S geschenkt haben und damit die Kulturgeschichte der Menschheit ihrem eigentlichen Zweck und Endpunkt zuführten.*

*Nicht unbeträchtlich mitgewirkt an diesem Buch hat natürlich auch **Dr. Peter Ockenfels**, Präsident der international operierenden Mechanik e.V.! Sowohl in R90S-Dingen wie auch in solchen die Damenwelt betreffend, habe ich seiner Kompetenz viel zu verdanken.*

*Einen Riesendank an **Stefanie Schäfer** für die Stunden des Ausharrens, an **Marco Küchmann** (li.) für seine Hilfsbereitschaft und **Eckhard Titze** (re.) für die Biker-Rüstung. Interessenten für ähnlich skurrile Werke oder Riesenmetallinsekten wenden sich bitte direkt an den Künstler, Holzstraße 5a, 31556 Wölpinghausen.*

__Wiebke Langefeld__ hat die meisten Fotos in diesem Buch gemacht, und das sehr schön. Die schlechten dazwischen sind von mir selber.

Den Bewohnern und dem Pflegepersonal des __Altersheims Waldfrieden in Wiedenbrügge__ sei gedankt für ein paar sehr lustige Stunden an einem sonnigen Vormittag.

Von __Thomas Wiebke__ ist die Harley auf dem Coverfoto (1440er S&S Shoverhead, Super-E-Vergaser, Four-Plugs-Electronic-Zündung, starre Stößelstangen, 3,5"-Primärantrieb, 64er-Viergang, 50er-Wishbone-Starrrahmen – für den, den es interessiert). Vielen Dank für die Unterstützung.

Das sind fünf Zeichner von der Hannoverschen Filmschmiede ambient entertainment (von links nach rechts): __Lars Benecke, Oliver Kurth, Henning Ahlers, Thies Schwarz, Jens Benecke__. Die sind verantwortlich für das respektlose Gekrickel zu den Motorradtypen – hab ich also nix mit zu tun. Vielen Dank dafür auch an __Holger Tappe__ von ambient entertainment.

Dietmar Wischmeyer gibt es in Büchern (hier bei Lappan z.B.), auf über zwanzig CDs (bei Frühstyxradio) und auf der Bühne (demnächst vielleicht auch in Ihrer Nähe. Neuigkeiten erfahren Sie über www.WISCHMEYER.de.

Hervorgegangen sind die meisten Figuren und Themen aus Radiogeschichten, so DER KLEINE TIERFREUND, GÜNTHER, DIE ARSCHKRAMPEN, LOGBUCH DER BEKLOPPTEN UND BESCHEUERTEN.

Dietmar Wischmeyer ist Jahrgang 57, lebt am Steinhuder Meer in Niedersachsen, fährt selber seit Jahren Motorrad (u.a. eine BMW R90S wie dieses Buch womöglich erahnen lässt) und sucht auf diesem Wege keine Frau fürs Leben, dafür aber die vorderen Fußrasten einer 350er Jawa – was sich leichter anhört, aber nicht so ist.

Postfach 3407 · 26024 Oldenburg
Layout und Gestaltung: Ulrike Eiken-Lücken
Gesamtherstellung: Proost International Book Production · Turnhout
Printed in Belgium · ISBN 3-8303-3033-2

Vogel-schisskopf-schoner ...

... in modischen Designs.

je € 69.95

Gegenschweiganlage

Gespräche wie zu Hause! Das ermöglicht unsere ultraleichte GEGENSCHWEIGANLAGE für Bikerpärchen. Die Lautsprecher sind im Helm des Mannes untergebracht, das Mikrofon im Helm der Frau.

€ 149.00

Faltsofa

„Verdammter Mist, die Harley ist ausgegangen an der Ampel." Um die Zeit zu überbrücken, bis sie wieder läuft, musste man bisher immer rauchend im Graben liegen. Mit unserem FALTSOFA können Sie gemütlich bei einer Dose Jim Beam/Cola am Wegesrand warten, bis der ADAC kommt und den Eisenhaufen wieder antritt.

€ 51.10

Dank an ...

*Der erste und besondere Dank gilt natürlich den **Bayerischen Motoren Werken,** die der Welt die R90S geschenkt haben und damit die Kulturgeschichte der Menschheit ihrem eigentlichen Zweck und Endpunkt zuführten.*

*Nicht unbeträchtlich mitgewirkt an diesem Buch hat natürlich auch **Dr. Peter Ockenfels**, Präsident der international operierenden Mechanik e.V.! Sowohl in R90S-Dingen wie auch in solchen die Damenwelt betreffend, habe ich seiner Kompetenz viel zu verdanken.*

*Einen Riesendank an **Stefanie Schäfer** für die Stunden des Ausharrens, an **Marco Küchmann** (li.) für seine Hilfsbereitschaft und **Eckhard Titze** (re.) für die Biker-Rüstung. Interessenten für ähnlich skurrile Werke oder Riesenmetallinsekten wenden sich bitte direkt an den Künstler, Holzstraße 5a, 31556 Wölpinghausen.*

Dietmar Wischmeyer
Das große Buch vom kleinen Tierfreund
96 Seiten, Hardcover,
ISBN 3-89082-813-2

Dietmar Wischmeyer
Von Gülle nach Geranien
112 farbige Seiten,
Hardcover,
ISBN 3-89082-971-6

CD Verchromte Eier 1
Bestell-Nr. 481122
€ 15,29

CD Verchromte Eier 2
Bestell-Nr. 481152
€ 15,29

Alle Bücher, CDs sowie T-Shirts von Dietmar Wischmeyer
und weitere Artikel gibt es bei:
FSR Mailorder · Postfach 110271 · 10832 Berlin
Tel. 0180 5315311 · Fax 5305300 (12 Cent/min)
www.fruehstyxradio.de

Oliver Kalkofe
Onkel Hottes Märchenstunde
64 farbige Seiten,
Hardcover,
ISBN 3-8303-3026-X

Versch.
Autoren
Du, Schatz – wie war ich?
64 farbige S.,
Hardcover, ISBN
3-8303-3001-4

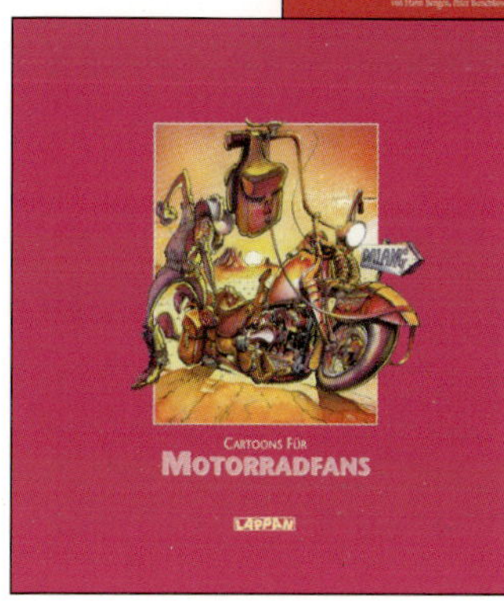

Versch. Autoren
Cartoons für Motorradfans
56 farbige Seiten,
Hardcover,
ISBN 3-89082-440-4

Wir informieren Sie gern laufend über unser Programm.
Postkarte genügt:
Lappan Verlag GmbH, Postfach 3407, 26024 Oldenburg.
Oder besuchen Sie uns im Internet:
www.lappan.de, E-Mail: info@lappan.de